U0521215

法律运营实战笔记

NOTES
LEGAL OPERATIONS

Practical Guidelines for
Generating Revenue from
Legal Products

法律产品创收实战指引

古城　胡莹　周涛　肖丹　著

法律出版社
LAW PRESS·CHINA

——北京——

图书在版编目（CIP）数据

法律产品创收实战指引／古城等著. -- 北京：法律出版社, 2025. -- （法律运营实战笔记／古城, 闫玉新, 彭帅主编）. -- ISBN 978 - 7 - 5244 - 0439 - 2

Ⅰ. D926.5

中国国家版本馆 CIP 数据核字第 202501B7L3 号

| 法律运营实战笔记 | 法律产品创收实战指引
FALÜ CHANPIN CHUANGSHOU
SHIZHAN ZHIYIN | 古城
胡莹
周涛
肖丹 著 | 策划编辑 周洁 林蕊
责任编辑 周洁
装帧设计 李瞻 |

出版发行 法律出版社　　　　　　　　开本 880 毫米×1230 毫米 1/32
编辑统筹 司法实务出版分社　　　　　印张 5　字数 118 千
责任校对 晁明慧　　　　　　　　　　版本 2025 年 7 月第 1 版
责任印制 胡晓雅　　　　　　　　　　印次 2025 年 7 月第 1 次印刷
经　　销 新华书店　　　　　　　　　印刷 北京中科印刷有限公司

地址：北京市丰台区莲花池西里 7 号（100073）
网址：www.lawpress.com.cn　　　　　销售电话：010 - 83938349
投稿邮箱：info@ lawpress.com.cn　　客服电话：010 - 83938350
举报盗版邮箱：jbwq@ lawpress.com.cn　咨询电话：010 - 63939796
版权所有·侵权必究

书号：ISBN 978 - 7 - 5244 - 0439 - 2　　　　定价：48.00 元

凡购买本社图书，如有印装错误，我社负责退换。电话：010 - 83938349

引 言

律师做法律产品一定要奔着创收变现的目标!

这是我们和律师、律师团队做法律产品实战中形成的普遍共识。但问题在于,当下法律产品最大的障碍也在于创收变现,大家做出来的更多的属于展示型的品宣资料,很少能直接拿过来做创收变现,以至于不少律师对法律产品都丧失信心,觉得这玩意就是虚的,顶多就是谈案时多一个向客户展示的道具,根本不可能通过法律产品带来创收变现。

实际上,这一两年我们到处宣讲法律产品课程,做得最多的一个工作叫作"纠偏"。法律产品如果刚开始设计时就没有考虑清楚,或者仅仅考虑向客户展示自己多专业、自己做了哪些业绩、自己的律师团队多厉害,这种法律产品注定很难实现创收变现。

比如,我们参与某个规模所法律产品大赛时,其中一个律师团队展示建工类法律产品,当问到这款产品最大的优势是什么时展示律师的回答是:"主办律师多么厉害,主办律师的业务经验特别丰富等。"这个回答实际上是将法律产品作为"对外推销主办律师的道具",不是在"卖产品",而是在"卖人",这是当下律师做法律产品最大的误区。

从这个误区出发,设计出来的法律产品主要有三个特征:

第一个特征是,法律产品并非针对目标客户在某个场景下的问题解决方案，而是向客户展示律师在某个方面能做什么的"道具"。

不少所谓的全流程服务产品就是如此，是展示律师在流程各个板块中做的事，但很少评估这些事，是否是目标客户当下亟须解决并愿意付费的事。

我曾经见到一款针对创业企业的全流程产品，甚至把新三板上市作为产品的一个模块，并极力向客户展示自己的律所在新三板上市方面做出很多业绩。但问题在于，对于国内多数创业企业来说，能活过5年已经不容易，能活到新三板上市更是寥寥无几。这是一个很好的愿景业务，但对创业企业当下没什么作用，创业企业也不会因为律师能做新三板上市而选择采购这款产品。

还有一些律师比较聪明，将某个板块的法律服务做成服务菜单，让客户自行选择，这样客户就能选择当下需要的业务板块。服务菜单的逻辑没有问题，但问题在于给予客户选择的菜单是否真的能击中客户的痛点，进而激发客户采购的需求。

比如，最典型的常法类法律产品，这类法律产品在设计菜单的时候基本是以"法律咨询＋合同审查＋法律培训＋法律意见＋法律谈判＋驻点服务"为内容，然后根据不同的内容设计不同的报价，形成一份服务菜单，再交给客户做勾选，让客户选择更适合自己的板块。

对比我们当下正在推进的一款常法类产品——"企业常法省钱宝"，也做成三个板块的服务菜单：

第一，基础常法服务，包括日常的法律咨询、合同审查、法律培训等常规项目。这些常规项目仅需要考虑成本定价，维持收支平衡就可以。所以，我们设计时更多是以行业为单位，先搭建特定行业的常法业务支持库（咨询问答库＋业务文本库＋类案数据库＋业务课程库＋客户信息库），再做相应的人员培训，甚至通过引入技术工具如法数云、智能咨询模型,将基础常法业务的成本控制到最低,目前基本上可以做到基础常法业务的成本在1万元以下。

第二,专项常法服务,这一板块需要提前做客户调研,尤其是对于企业客户需要做行业调研,不同行业专项常法服务的侧重点会有很大区别。比如,餐饮行业,以劳动用工成本优化、连锁加盟专项服务、企业日常监管辅导等板块作为主;科创产业,以知识产权保护和应用、企业股权架构设计、技术人员股权激励等板块为主。专项常法服务是按照项目单独定价,针对同一行业的目标企业做产品推广。

第三,增值常法服务,这是可以帮助企业省钱或者赚钱的板块,比如,高新技术企业认定、企业财税规划专项、企业诉讼案件处理以及其他企业定制化专项。这块是浮动的业务,也是整个"企业常法省钱宝"的亮点所在,一般情况下是按照能给企业节省或者赚取的费用做比例分成。

两者一对比,我们会发现多数常法类产品即便是引入服务菜单,也没有脱离律师收费导向的逻辑,相当于把服务菜单做成一种和客户讨价还价的道具,并没有真正从客户的维度,让客户了解法律产品能给他们带来哪些价值。

而"企业常法省钱宝"的设计思路在于,通过法律产品落地客户价值,这时产品本身就是价值的载体。甚至我们可以给客户"算账",部署法律产品之前客户是什么样,部署法律产品之后客户又是什么样,两者之间的差距就是法律产品所承载的价值。基于这一点,产品背后的律师仅仅是法律产品部署落地的保证,而非法律产品的核心,相当于将传统"卖律师"的方式转变为"卖产品"的打法。

只有真正能落地客户价值的法律产品,才有创收变现的可能。

实际上归结为一句话:"想要解决法律产品的创收变现,得先纠正法律产品设计的误区,从源头上找问题,而不是就创收做创收,认为自己是没有合适的渠道、没有足够多的销售人员、没有做足够多的活动,以至于法律产品无法创收。"大家始终要记住一个原则,"产品是1,营销是0,产品本身没有做好,营销势必很难做好"。

第二个特征是,就法律产品做法律产品,并没有将法律产品与案源开发融合起来。

不少律师法律产品本身做得还不错,但仍然不能实现创收变现。很大问题在于没有把法律产品和案源开发融合起来。前端不做客户引流,后端没有深度开发,法律产品所能带来的创收也是有限的。

按照实战的总结,可以将法律产品分为三类:

第一类:引流产品,主要目标在于聚集客户,是将获取精准目标客户作为法律产品好坏评估的核心指标。相当于借助产品先接触到客户,然后才进一步深度开发。

第二类:利润产品,这是在引流产品上更进一步地开发,瞄准的目标是提供创收,这类产品想要做好就得瞄准价值感,最好就能实现帮客户赚钱或者省钱。

第三类:增值产品,这类产品需要在创收目标之上更进一步,做客户黏性和忠诚度,那必然需要将法律与客户行业、商业深度融合,甚至做"法律+"产品,为客户提供的不仅是法律,而是以法律为核心的综合解决方案,建立与客户的深度关系。

"引流+利润+增值",三位一体,形成以法律产品为核心的案源开发体系(见表1),这样才能真正实现通过法律产品驱动律师创收的目标。

表1 行业法律产品体系规划表

第一层级：引流产品									
（发掘客户实际业务中遇到的小问题，并建议与第三方机构合作，形成整体解决方案）									
客户需求	需求描述	目标客户	客户现有解决方案	商业画布	匹配产品	匹配课程	匹配手册	匹配文本	备注

第二层级：利润产品									
（在第一层次产品的基础上建立起客户信任关系，进一步设计常法、专项等利润产品，实现客户的创收转化）									
客户需求	需求描述	目标客户	客户现有解决方案	商业画布	匹配产品	匹配课程	匹配手册	匹配文本	备注

第三层级：增值产品									
（在与客户建立长期合作关系的基础上，进一步挖掘客户需求、陪跑客户成长，并形成专项或者诉讼等增值法律服务）									
客户需求	需求描述	目标客户	客户现有解决方案	商业画布	匹配产品	匹配课程	匹配手册	匹配文本	备注

举一个实战的案例，钢贸体系的法律产品，采用了"引流产品+利润产品"的设计体系，实现了钢贸产品的创收变现。

实战操作时，我们做的第一步是测算，测算钢贸市场的体量，经过分析发现整个陕西省正常营业的钢贸商有3000余家。

而这3000余家中如果能拿下20%（600家），按照钢贸行业每年最低10%的诉讼概率，会引发60件钢贸案件，而每件钢贸案件的平均创收在6万余元。如果能实现这个目标就能保证钢贸团队一年约360万元的基本创收。依据这个测算，案源开发的关键点在于能否拿下20%（600家）钢贸商。

我们实战的打法是，先设计一款"钢贸365全年会员服务"的引流产品，通过有竞争力的价格将钢贸商快速发展为会员，并进一步通过能够解决行业痛点，以及包含在会员服务中的"钢贸合同审查、钢贸货款核算、律师函催款"等细分服务，快速建立与钢贸会员之间的信任和深度联系。

基于前期的产品交付建立的信任，一旦钢贸商发生诉讼纠纷，第一时间想到的就是我们钢贸团队，这时，团队只需要通过钢贸诉讼案件就可以获得创收变现。

这是我们当时辅导钢贸团队设计的案源开发整体规划。其核心要点有两个：一是没有将案源作为偶发的因素，而是在陕西省区域的宏观视角下看待案源的发生，并进一步结合历史数据，测算出案源开发的公式，以此作为案源开发整体规划的设计依据；二是引入了以法律产品为核心的案源开发打法，先通过引流产品聚集钢贸商，再通过利润产品实现创收变现。

第三个特征是，律师把法律产品做出来后存在"缺人、缺钱、缺平台"的现实困境，阻碍了法律产品的创收变现。

首先，是缺人，这里的缺人并不是没有人，而是在于多数律所、律师团队没有专门的案源团队，一般是律师兼职负责案源开发（产品营销）工作，而多数律师都拉不下面子，觉得营销是一件比较"丢人"的事情，即便是有好的产品也不主动去对接客户，而是习惯性地等客户上门找我们。

比如，我在参加某地律协组织的法律产品大赛，看到一款"企业瑕疵资产重整"的产品，这款产品非常好，而且已经通过一些成功案例实现了创收变现，但问题在于这些成功案例多数是客户自己找上门，做出这款产品的律师团队并没有主动向客户推广这款产品，导致的结果就是一款非常好的法律产品，能带来的创收却非常有限。

这点其实怪不得律师，多数律师擅长的是专业而非营销，这个问题要追究的是律所的责任，其实律所有必要配置营销团队，帮助律师在做好法律产品的基础上，承担法律产品的推广销售工作。遗憾的是，当前绝大多数律所都没有这样的配置，导致律师即便做出了很好的产品，也很难创收变现。

其次，是缺钱，法律产品的创收变现需要一些推广工作，类似于今天一款产品出来后想让大家更多、更快地知道，一定需要打广告。法律产品研发出来了，就放在那里不做任何推广，肯定无法实现创收变现。

要做推广，无论是线上以内容为载体的内容营销，还是线下活动推广、电话营销或者客户地推，都会涉及前期的一些费用，尤其是一些法律产品还希望通过广告、网络做推广，前期投入的费用会更多。

律师的习惯在于，"不见兔子不撒鹰"，很少有人愿意"先投入后受益"。导致前期推广费用不好解决，一款法律产品出来就在小范围的朋友圈、熟人客户中做一点点推广，很难覆盖到更大范围的客户，虽然可以赚点小钱，但想要实现法律产品的有效创收就有困难！

最后，是缺平台，我们发现，和实物产品相比，法律产品在推广变现上存在很大障碍。原因在于实物类产品，比如服装、图书、食品甚至珠宝、汽车这些大标的的产品，都可以通过已经成熟的第三方平台（如淘宝、京东、拼多多）做销售推广。

而一款法律产品出来之后，是没有这样的平台可以上架的，律师只能自己搞个微信店铺或小红书、抖音店铺，或依靠自己的人脉关系、渠道资源去推广变现法律产品。这有点像没有淘宝、京东之前的状态，甚至连商超都没有，每个律师都是"个体户"，自产自销法律产品，诚然也可以实现一定的销量，但空间非常有限。

我们也是看到了这点，希望能给律师提供一个"法律产品商城"，帮助更多的律师实现法律产品的创收变现，当然，可能不少律师会质疑，"难道线上法律产品商城"就能比自己的"小卖铺"更好地推广法律产品？

对这个问题的回答只需要看一件事，就是平台是否搭建自己的线上线下法律产品推广体系，可以向大家承诺这个体系已经逐步成型，我们能覆盖的客户范围、触达目标客户的手段相对来说还是比较优质的，可以帮助律师在做好自己的"小卖铺"的基础上更多、更快、更好地推广法律产品，实现法律产品的创收变现。

正如我们一直说的，"律师行业还处于法律产品的蛮荒时代"，出现这样那样的问题很正常。目前创收变现落地难，但不着急，我们找出原因，针对原因做解决方案，相信通过这些努力，用法律产品驱动律师创收这件事一定能够落地。

也是在这个背景下，我们开始这本书的创作，希望可以找到一些落地的方法，更好地帮助律师实现法律产品驱动创收。

目　　录

第一章　利基市场 ·· 1
　　第一节　利基市场的定义 ·· 1
　　第二节　利基市场选择 ·· 4
　　第三节　竞争优势发掘 ·· 6

第二章　客户认知 ·· 13
　　第一节　客户画像 ·· 15
　　第二节　场景任务 ·· 19
　　第三节　价值感知 ·· 22
　　第四节　选择倾向 ·· 26
　　第五节　信息搜集 ·· 31

第三章　需求洞察 ·· 33
　　第一节　客户需求分类 ·· 33
　　第二节　客户需求洞察 ·· 36
　　第三节　客户需求评测 ·· 44

第四章　产品设计 ·· 46
　　第一节　法律产品画布 ·· 46

第二节　法律产品体系 ·············· 54
　　　第三节　法律产品分类 ·············· 56
　　　第四节　法律产品封装 ·············· 65

第五章　市场评测 ·················· 68
　　　第一节　成功项目评测 ·············· 69
　　　第二节　内容验证评测 ·············· 70
　　　第三节　"法律＋"验证 ············· 71

第六章　定价策略 ·················· 75
　　　第一节　战略定价 ················ 75
　　　第二节　营销定价 ················ 78

第七章　市场推广 ·················· 87
　　　第一节　市场推广公式 ·············· 87
　　　第二节　市场推广原则 ·············· 91
　　　第三节　市场推广量级 ·············· 93
　　　第四节　合作渠道开发 ·············· 96
　　　第五节　法律产品整合营销 ············ 111

第八章　客户成功 ·················· 116
　　　第一节　产品交付标准 ·············· 116
　　　第二节　部署落地团队 ·············· 117
　　　第三节　客户成功路径 ·············· 122

第九章　优化迭代 ·················· 126
　　　第一节　产品四重境界 ·············· 126

第二节　产品体系迭代 …………………………… 128
第三节　产品社群运营 …………………………… 130

后　记 ……………………………………………… 133

法律产品辅助资料 ………………………………… 135

第一章　利基市场

第一节　利基市场的定义

在做法律产品之前，有必要说说利基市场的问题，这是做法律产品的起点。

大家都知道，律师刚开始执业的时候专业选择非常多，但这是一个很大的误区，选择多并不意味着能实现的选择很多，换一个说法就是律师心里想的选择很多，但实际上真正最后能落地的选择很少，因为任何的选择都是有"附加条件"的。

举个简单的例子吧！我和不少律师聊过专业选择的问题，大家刚开始的时候都希望做一些类似于商事诉讼、公司股权、资本业务、知识产权等看着特别"高大上"的业务，但走了几年，最后的结果往往是在类似婚姻家事、民间借贷、房产纠纷这些民生类业务上打转转，真有点应了那句话，"理想很丰满，现实很骨感"。实际上这就是"利基市场"在发挥作用。

对利基市场这个词大家可能有点模糊，按照企业管理的说法是"针对企业的优势细分出来的市场"，而在律师行业我们可以简单地概括为"律师有一定优势的细分市场"。

说到利基市场肯定离不开这些问题的讨论：一定要做细分市场吗？为什么不做所有的市场，这样客户不是更多吗？成功的概率不是更高吗？用律师的话来说，就是一定要做专业化吗？做"万金油"律师不是更好吗？不会丧失任何的案源机会，反而对律师的创收有更充分的保障。

其实，这个问题的答案用一个比喻就可以概括"不要做浓雾中的弓箭手"。

首先，几乎所有的律师时间和精力包括资本都是有限的，而法律服务和客户要求日益复杂，根本就不可能做到所谓的"万金油"，在当下能掌握一两个领域已经很不容易，说精通所有的领域就有点"收客户智商税"，这是一个"想做'万金油'而不可得"的时代。

现实情况也是如此，律师往往为了案源会先把客户的业务承接下来，承接下来之后即便自己不了解，也可以"现学现卖"，都认为自己是学习的高手，很短时间内就能了解某个领域的专业知识，实际上这对客户来说是一种很不负责任的做法。

其次，从创收的角度来说，专业化选择实际上比不做专业化选择更容易实现创收，也更容易取得好的创收。这里需要做个说明，做专业化并不是律师之前设想的做某个或者某几个部门法的专业化，而是围绕利基市场做专业化。

举个简单的例子，如果我们确定的利基市场是建工行业，或者说再细分一点，是建筑劳务公司，那么我们首先要做的是建筑劳务公司的法律需求分析，发现建筑劳务公司涉及的法律领域也是很多的，包括劳务工程款纠纷、劳务外包用工、资质证照管理、项目合同审查等。

律师选择这个利基市场就需要结合利基市场中的客户需求"配置"自己各方面的能力。一是让更多的建筑劳务公司认识自己、选择自己。二是也会因在建筑劳务领域的专业度超越其他律师同行而更容易在竞争中占据优势。三是因为熟悉这个领域更容易实现法律服务的产品化，做好业务品控和规模，进一步巩固在建筑劳务这一利基市场的地位，建立起相应的品牌。

这些工作都做到了，创收就是顺带的结果。

而"万金油"的状态，几乎不会考虑市场的因素，以人脉资源为依托，来什么案子就接什么案子，一方面很难形成匹配某个市场的能力，另一方面也无法实现业务技能的沉淀和品牌效应，始终陷入接业务—做业务—接新业务的循环中。

之前接触过不少律师团队负责人就向我抱怨，团队的业务和旅游行业一样，也有"淡旺季"，忙的时候整天加班，闲的时候不知道自己该干什么，原因就是绝大多数案源源于团队负责人的资源人脉，而资源人脉带来的案源很偶发，不知道什么时候会有案子，也不知道什么时候案子突然就没了，更别说在团队内部搞业务流程的优化或者业务方面的培训了。

而且，在这个循环中资源人脉也有局限，毕竟手头的资源人脉就那么多，用上几年就用完了，新增客户又没能做起来，很容易出现做上几年就出现创收天花板的情况，相较于有专业选择的律师，在创收上很难有想象空间。

更重要的在于客户的认知，"找专业的人做专业的事情！"这几乎已经成为客户选择律师的一条"铁律"。前些年律师人数不多，客户也就将就选择了，但这两年律师人数增加，同行也在不断给自己打专业化的标签，让客户也知道了原来律师行业是有这么多细分的，自然客户会更倾向于选择专业化的律师。这点实际上已经在逐步压缩"万金油"律师的市场，也是驱动律师专业化最核心的因素。

第二节　利基市场选择

第二个问题的讨论是，律师如何评估自己，选择合适的利基市场？

对这个问题的解答就得一步一步做拆解。正如我们提到的，"利基市场是律师有一定优势的细分市场"，那么这个优势到底是什么？在这点上可以参考迈克尔·波特的说法："企业要想取得卓越的经营业绩，只有两种做法，一种是提升企业经营效率，一种是进行战略定位。"

经营效率的提升容易理解，比如说律师想办法获取更多的人脉资源，在案源获取效率上远超过其他律师，这点就是律师的优势所在。当然，不是每个律师都有这样的条件，如果没有人脉资源的优势，但能组建起市场团队，通过有效的市场方式开发案源，做到案源开发的高效，也是律师团队的优势所在。

除此之外，还有业务承办上的优势，对同一类型的业务有更多的经验或者认知，更容易形成可复用的知识成果或者法律产品。或者对外输出更多优质内容，形成品牌效应，这也是效率的体现。

但不论哪方面的"经营效率"，首先要做的就是"识别出来"，以此为出发点，筛选合适的目标市场。比如说国资类企业，这是大家都知道的比较优质的市场，但国资类企业对资源人脉的依赖度比较高，尤其是内部的入库制度，实际上是把不少中小律所已经排除在外了。

假定一个律师团队本身在国资类企业中有比较好的人脉关系，这就是它的优势所在，也可以顺势选定国资类企业法律服务作为自己的目标市场。再进一步延伸，律师个人同样也适用上面的打法。

比如，我们在给成都一家婚姻家庭团队做辅导的过程中，需要对团队合伙人的个人人设做出设计，并安排合伙人针对不同的婚姻家庭目标群体做开发。其中一个合伙人家里条件比较好，平常接触的很多是企业老板，以她为核心去做企业家客户会有很大的优势。这实际上既是在做利基市场的发掘，也是在做律师个人品牌的定位。

另一种取得经营业绩的方式是战略定位，通俗地说就是做差异化，不直接和同行竞争，而是通过差异化获取客户，给客户一个更好的选择理由。

在这点上我们借鉴一本小说来说明。这本小说不少人可能看过，叫作《遥远的救世主》，虽然情节人物是虚构的，但里面的思维逻辑确实值得学习。比如，小说中的男主角丁元英在王庙村（贫困县的贫困村）扶贫，要做的第一步就是帮助王庙村找到自己的利基市场。

丁元英综合分析了王庙村的优势，基本上是四个板块：

一是核心竞争力，用小说中的描述是"王庙村最大的优势是不怕吃苦受累，可以忍人所不能忍"，他们可以在条件非常简陋的环境中工作，忍受粉尘、油漆的各种危害，这是王庙村的核心竞争力所在。

二是成功案例，看过这本小说的人都知道之前王庙村的几位能人做出过一款高端音响，而且质量很不错，也就是说他们有做高端音响的经验，对这一领域并不陌生，还有一定的从业经验和经营渠道。

三是产品特征（业务特征），上面两个优势想要发挥出来，一定要找到适合的产品，而丁元英在选择利基市场的时候做了一些考虑，选择的产品"一是面向高消费阶层的高品质产品，社会总需求量有限，不足以承载现代化工业流水线，达不到盈利的最低批量生产基数。二是劳动密集型产品，一般的投资规模无法形成工业流水线生产。三是比较容易掌握和传授的技术，是人都能干，不是跟人家比技术，是比工夫，比劳动力资源和劳动力成本。四是可以分解加工的产品，每个农户都能利用家里的房屋和院子进行生产，不受场地条件的限制，不分男女老少，不分白天黑夜，咱们在家里拼的就是不要命。这个市场夹缝虽然很窄，但是成就王庙村和几个发烧友是足够了"。

四是竞争环境。实际上从小说的情节来看，竞争环境是丁元英起步之初已经考虑进去的因素，对包括高端音响市场的各个主体都做了深入的分析，甚至已经预判了这些市场主体可能会做出的预判，这是丁元英的过人之处。

第三节　竞争优势发掘

当然，这些东西仅仅从小说的维度解读其实没有多大意思，上面分析真正的价值在于，以此为框架为律师行业选择差异化提供一个决策框架。我们也是结合这本小说梳理出律师做差异化的四个考量因素，包括核心竞争力＋成功案例＋业务特征＋竞争环境，并以此为基础帮助律师找到适合自己的利基市场（见表1-1）。

表1-1　律师利基市场选择

项目	内容
核心竞争力	资源 人脉 品牌 组织 市场 业务

续表

项目	内容
成功案例	成功案例 客户认知
业务特征	智慧型业务 经验型业务 效率型业务
竞争环境	新型市场 竞争市场 成熟市场

不过，利基市场的选择有一些是先天因素和后天因素综合的结果。以我们之前辅导的钢贸团队为例，刚开始钢贸团队的负责人并没有发现钢贸是自己的利基市场，而是什么业务都做，在做的过程中因为负责人是重庆人，早期的案件都是重庆老乡介绍过来的，而重庆老乡多从事建筑劳务行业。

介绍来的案子以劳务工程款案件居多。负责人先切入的市场是劳务工程款，后来在做的过程中发现劳务工程款的被告方是建筑公司或者施工企业，而和他一样向这两个主体"要款"的还有一拨人，就是钢贸商。

相较于劳务工程款，钢贸商催讨的钢材款数额更大，能给出的律师费用更高，既然流程都是一样、被告方都是一样，甚至涉及的法律关系也比较类似，做钢材款比做劳务工程款更"划算"。

慢慢地，这个负责人就开始切入钢贸市场，并逐步组建钢贸团队，以钢贸市场作为自己的利基市场。

所以说利基市场的选择也是一个不断摸索和迭代的过程，前期我们通过梳理，会有一些可选择的路径，但后期一定是在做的过程中不断迭代，才能找到最合适律师的利基市场。

利基市场的选择实际上在我们看来更接近实务中律师（律师团队）做品牌定位的过程，相当于品牌定位的过程就是细分市场选择的过程。这里我们提供了一个工具——律师（团队）品牌定位三观三看九模块，帮助律师找到最适合自己的利基市场。这个工具中最核心的是三个因素：趋势机会、资源能力、历史路径。

趋势机会，是最优先考量的因素，毕竟法律是依附于其他行业的附属行业，其他行业发展得越好，对法律服务的需求数量、层次都会要求越高。以建工法律服务为例，前十几年国内建工行业快速发展，带动建工法律服务的繁荣，也衍生出一批以建工作为其品牌定位的律所、律师团队和律师。

很大一部分律师对外做品牌宣传时，都会说"自己从事建工法律服务"，以增加案源获取的机会。但这两年因为疫情以及经济调控等因素的影响，建工行业开始走下坡路，连带建工法律市场也有所萎缩。

基于以上因素，律师在做利基市场选择时要注意以下三点：

第一，把握趋势。

这有点像投资人或者创业者选择"赛道"一样，律师也是通过利基市场选择适合自己的赛道。

在做趋势研究的时候还有一些小技巧：

首先，可以"跟风"投资机构，看看投资机构尤其是本地投资机构这两年的投资布局，毕竟这些机构整日都在研究各类赛道，它们的选择相当于给我们做出了指引。

其次，研究国内政策法规，我一直说"最好的业务机会隐藏在政策法规中"。

最后，研究这个行业、产业、领域和法律服务的匹配度，换句话说就是这个行业、产业、领域对法律服务的需求是否强烈。比如我之前辅导的一个团队，最早的品牌选择倾向于美妆行业，但深入了解美妆行业后，发现这个行业对法律服务的需求并不强烈，当前美妆行业更多处于"蛮荒发展期"，监管政策、监管部门以及日常的交易模式都处于起步期，更多是依靠行业的明规则、潜规则在运转，对法律服务的需求度很低。

第二，资源能力。

并非所有的选择都能落地，不能落地的选择还不如没有选择。而落地的关键就在于"资源能力"的梳理，资源能力又可以进一步拆解为"进驻门槛、资源渠道、竞品分析"。

以进驻门槛为例，其中地域门槛就是一个必要的考量因素，毕竟法律服务尤其是特定类型的法律服务对地域的要求非常高。之前笔者和西安当地律师团队交流时，他们提出品牌定位是做"高大上的业务"，当问到他们什么是高大上的业务时，他们会提出类似于IPO、投资行业、高端商事诉讼、涉外业务。

问题在于，当我们仔细分析律协发布的业务数据就会发现，这类高大上的业务集中在"特定地域、特定律所、特定律师"手里，留给青年律师的选择并不多，尤其是地域就形成了极大的限制。比如，一个西安的青年律师希望做IPO业务，那么他就不应该在西安选择律所，而应该在北上广找合适的律所。

除了地域门槛，还需要进一步分析知识门槛、资源门槛。知识门槛相对来说好解决，只要团队的学习能力足够强，快速掌握品牌定位相关的法律知识不难，难点在于需要将法律知识与客户需求、业务实战相融合，这点不是单纯地靠书本学习、课程学习就能解决，而是需要通过具体的实战项目积淀出来。如果团队之前从来没有与自己所选择的品牌业务相关的业务实战，那在知识方面是有欠缺的。

资源门槛即容易理解，有的律师团队品牌定位为央企、国企法律服务，但这类优质客户的开发对于人脉、资源的依赖度较高。这类客户选择律师，不单纯比拼业务能力，而是多个因素综合考量的结果。如果不具备一定的资源优势，与这类客户都很难接触上，更谈不上做这类客户的业务。

第三，历史路径。

大家都能感觉到当前的法律服务市场已经是一个竞争激烈的市场，不是某个团队、某家律所的独角戏，即便是业务中宣称的一些蓝海业务，比如双碳法律服务，实际上也已经有不少玩家介入，做团队品牌定位的设计，竞品因素是必须考虑的一个因素。

做竞品分析，需要同时关注"同行竞品和同业竞品"，简单地说，同行竞品，就是看品牌相关的业务在当前的法律服务市场上是否已经存在"强势品牌"。

比如，在电力行业法律服务中，阳光时代律师事务所已经发展多年，有很强的竞争力，属于电力行业的"强势品牌"，并且在全国布局分所，假如律所或团队选择进军电力行业，将电力行业法律服务作为其定位品牌，势必在市场、业务上和阳光时代"直面竞争"。

这就像当前国内的创业群体，一般会采用"绕开策略"选择赛道，也就是绕开BAT这类巨头公司，否则和巨头公司直面竞争，很难胜出。

同业竞争也是一个考量因素，不过不是律师同行的竞争，而是类似法律服务公司、法律科技公司甚至咨询管理公司的竞争，最典型的就是股权激励。当前做股权激励的主体，除律所、律师团队外，更多的是管理咨询公司。如果律师团队以股权激励作为自己的定位品牌，必然需要考虑与这些主体的差异化竞争。

律师选择利基市场的最后一个核心要素是"历史路径"，从这个维度来说，律师团队做出的选择看似偶然，实则有一定的必然性。

以我之前辅导的钢贸律师团队为例，钢贸是一个很细分的领域，多数律师对钢贸法律服务很陌生。而钢贸律师团队之所以进入这个赛道，以"钢贸行业法律服务"作为其品牌定位，实际上是"历史路径演化的结果"。

历史路径，也会为利基市场的选择提供"成功案例和一些人脉资源的积淀"。之前做过相关业务或者相类似业务，多少都会积淀一些成功案例和人脉资源，这些对于下一步开发利基市场会有很大的帮助。

我们平常在辅导律师市场选择市场时，也会"深挖团队的历史路径"，其中最关键的一步就是"评估团队上年度的业务数据"，包括业务类型占比数据、创收来源数据、客群数据等，将历史业务数据作为辅导团队品牌定位的重要依据。

当然，历史路径中还有一个重要因素，就是"业务兴趣"，尤其是团队负责人的业务兴趣，因为有兴趣，才会投入更多时间和精力去研究品牌相关的业务，也容易出成果。

比如，我熟悉的个体律师，当初做市场选择，很大程度上就是基于业务兴趣做的选择，而后组建团队，团队的选择也能从个人选择"承继"过来。

也是基于上面这些因素，我们在做律师团队市场辅导时，研发出一份"律师（团队）品牌定位三观三看九模块"的工具（见表1-2）。

具体操作如下：先召集律师团队负责人、骨干律师等人参与，安排2~3个小时和团队成员一起，一个要素一个要素地盘点，最终在要素盘点的基础上"推导出"几个待选择的"利基市场"，而后针对"待选择的利基市场"再开一次小会，对初步筛选出来的几个选择再做优先级评估，最终形成律师最适合的市场选择。

表1-2 律师（团队）品牌定位"三观三看九模块"工具

宏观一看趋势机会			中观一看资源能力			微观一看历史路径		
投资导向	政策法规	法律契合度	进驻门槛	资源渠道	竞品分析	人脉资源	业务兴趣	成功案例
以投资机构的投资方向为导向，以此判断行业发展趋势	研究国内政策法规走向，从政策变化和规变趋势中发现隐藏的业务机会	以过往案例为依据，梳理行业判例，分析报告，以此确定行业法律切入点和行业法律契合度	分析行业进驻门槛，从三个维度考虑：(1)知识门槛；(2)资源门槛；(3)地域门槛	分析接触相关品牌的目标客户群的资源和渠道，以此作为后续品牌运作的基础	一方面，看同行已经存在相关的品牌，是否有"强势品牌"，尽量走差异化路线，避开和强势品牌的直面竞争；另一方面，看律师行业除其他机构有无提供类似的品牌相关服务，并做竞争优势考量	梳理自身在目标行业的人脉、客户渠道、资源，以此作为行业法律品牌建设的起点	梳理对目标行业的业务兴趣，以此确定自身在行业中的投入度	梳理在行业目标已经做过的成功案例，以此确定行业开发的程度及产品的切入点

做行业品牌定位建议"客户导向"，从客户认知中已有的行业属性做定位，既要领先同行半步，从更高维度做品牌设计；而非以法律部门做划分；

做品牌定位建议"领先半步"，从客户认知中已有的行业属性做定位，既要领先同行半步，从更高维度做品牌设计；
也要领先客户半步，从客户认知的上维概念做品牌打造

第二章　客户认知

选择了合适的利基市场，下一步需要对利基市场做主体的分析，这就涉及律师做法律产品是给谁做？做什么样的法律产品？希望通过法律产品和客户建立怎样的关系？这三个问题其实背后又关联了三个问题：

你的目标客户是谁？

你的目标客户想要什么？

你能给目标客户提供什么？

解决这三个问题我们只能向"利基市场主体"要答案，做利基市场主体的拆解，进而确定目标客户，把目标客户确定之后，我们才有接触和研究的对象，去具体了解目标客户想要什么？在想要的基础上，才能说我们能给目标客户提供什么。

以我们辅导的钢贸团队做的"钢贸365全年会员服务"为例，在做这款产品之前，钢贸团队已经将钢贸市场确定为自己的利基市场。

而钢贸市场分为三方主体：钢铁厂—钢贸商—建筑施工方（基建施工方）。三方主体中钢铁厂属于大国企，没有人脉资源很难对接上。建筑施工方，这个领域有点挤，属于竞争市场。而钢贸商相对来说是大家容易忽略的群体，有很大的业务机会。

于是，我们将钢贸商作为目标客户，提出了"做更懂钢贸行业的法律服务供应商"的品牌定位。在这个品牌定位之下，我们要做的第一项工作就是"研究钢贸客户，搞清楚钢贸商到底想要什么"。具体实施是从"钢贸商的客户画像"起步的。

在和钢贸客户接触摸索之后，我们将钢贸商的客户画像描述为"年龄集中在30～50岁，文化程度不高，以浙江、福建等地的人员为主，夹杂陕西本地人员，收入水平远超过一般大众，人员有聚集的特征，多集中在西安地区三大钢贸城，从事钢材贸易交易，且多以家庭作坊的方式运作"。

上述描述是对目标客户身份"共同属性"的描述，律师接触客户多了这些共同属性自然就可以归纳出来，重点在于我们需要走出办公室多见客户、多和客户聊聊，才能精准地描述出客户的身份属性。

不过，也有一些特殊的方式，比如我们接触到一位深圳律师，这位律师在客户认知上给我很大启发。他的主要业务是做企业常法，大家都知道企业常法最好的触达客户就是企业老板。

而他在深圳这个地方，结合深圳当地企业老板的情况，自学风水和易经，而且还学出了效果。一观二看三算，聊上几句就能"推算"出客户当下的情况以及心理的诉求。通过这种方式和老板对接，几乎是无往不利，谈案成功率非常高，毕竟客户前面都信服了律师，后面仨瓜俩枣的费用问题也不会太纠结。

后来一想，再扩展一下，风水术学在科学层面不就是我们一直在强调的九型人格、色彩心理学吗，不能说成封建迷信，更应该说是一种认知他人的科学，只不过用的方式方法有所区别而已，律师也有必要学一些九型人格、色彩心理学方面的知识，对于我们认知客户会有很大的帮助。

当然，今天我们不谈具体内容，我本身也在学习当中，还谈不上给各位伙伴提供什么建设性意见，只是想分享一下我们通过"推算"认知客户的一些框架。在这里我们初步梳理了认知客户的五个框架：客户画像 + 场景任务 + 价值感知 + 选择倾向 + 信息收集。

第一节 客户画像

目标客户画像有两个层面，一是目标客户的群体形象，二是目标客户的个体形象。

目标客户的群体形象，就是互联网行业经常说的客户画像，实际上就是梳理目标客户的一些共同特征，比如，地域、学历、位置、App 偏好，包括企业端的运作模式、商业模式、盈利方式、部门设置、人员配置、商业合作方、交易习惯等，了解得越清楚、越细致，对目标客户的认知也会越清楚。

要做到这一点，对律师来说不用那么复杂，三件事做好就能落地，以企业端客户为例：

1. 看目标客户尤其是行业型目标客户的分析报告，不少咨询机构都会对行业做分析报告，把这些报告拿过来研究一下，自然对目标客户有初步的认知。

2. 看行业网站、书籍或者公众号、视频资讯，看看这个行业在聊什么、关心什么、以什么样的方式在运作。

3. 和目标客户多聊聊，尤其是要深度地聊，借吃饭、喝茶的工夫对目标客户做调研。

"三板斧"走完之后形成的结论，就是目标客户的群体画像，这是我们对目标客户认知并在认知基础上研发法律产品的起点。

之前做钢贸行业的客户画像就是这样出来的，也是在钢贸客户画像的基础上，我们摸索出钢贸客户在乎的是"回款快、回款多、回款不落空"，并在这个基础上研发出"钢贸365会员服务产品"，精准解决了钢贸商回款的痛点问题（见表2-1）。

表2-1 钢贸行业客户认知

"三板斧"	内容
目标客户画像	年龄集中在30~50岁，文化程度不高，以浙江、福建等地的人员为主，夹杂陕西本地人员，收入水平远超过一般大众，人员有聚集的特征，多集中在西安地区三大钢贸城，从事钢材贸易交易，且多以家庭作坊的方式运作
目标客户场景需求	从事钢材经销业务，上游是钢材供应企业，下游以各类施工单位为主，主要的业务是从钢材供应商那里采购钢材并销售给建筑企业用于各类工程建设，且销售的方式以赊销为主、现货交易为辅
目标客户选择倾向	客户访谈： 客户是通过哪些方式、渠道找到我们的？ 客户最终选择我们的因素是什么，是价格、服务、方案还是其他？ 客户未能选择我们的原因是什么？

再进一步，我们需要从众多的目标客户中筛选出"年度跟进客户名册"，换句话说，就是你今年要将哪些客户想尽办法转化为你的收费客户，这个名册可以先列出来，列出名册后再做"重点客户信息卡"，通过重点客户的信息收集，建立起客户的个体画像（见表2-2）。

表2-2 重点企业客户信息卡

企业基础信息	企业名称		关联企业情况	
	法定代表人/负责人		有效联系电话	
	股东情况说明		实际控制人员	
	企业实际办公场所			
	企业管辖法院说明			

续表

企业决策体系	决策签字人员		决策关注点	
	决策参与人员			
	决策咨询专家			
	决策执行人员			
企业涉诉信息	涉诉案件链接		涉诉案件分析意见	
	涉诉案件链接		涉诉案件分析意见	
	涉诉案件链接		涉诉案件分析意见	

用类似上面的方式，对重点客户建立信息卡，以此建立起客户的个体画像，形成对客户的具体认知。当然，这个过程需要不断通过各种方式接触客户，如讲课、分享、咨询、吃饭、喝茶，同时有意识地收集客户的信息，最终完善客户信息卡，建立对客户的认知。

这项工作，既可以看作研发法律产品的起点，也可以作为案源开发的规划。正如我一直说的，当下律师做案源开发其实没有什么规划，大家都在被动等案件，但有了"年度客户跟进名册"和"重点客户信息卡"之后，就能在一定程度上变被动为主动，最起码律师知道自己的客户在哪里、客户是谁，更容易主动去对接客户开发案源。

而这两年随着短视频的兴起，我们做目标客户画像有了更好的方式，比如我们正在用的客户数据标签的打法，就是基于短视频投流衍生出来的目标客户画像识别，这点对于C端个人客户画像会特别实用。

以婚姻家事为例，婚姻家事我们最初的客户定位是"婚姻家庭高危人群"，但这个客户画像太粗、范围太大，也很难识别出来到底谁是婚姻家庭高危人群。这个时候一定需要去做细分，而细分的方法是从老客户中梳理"同类项"，形成一个一个的"目标客户圈层"，然后按照区域、年龄、兴趣标签、关注账号做拆解，形成目标客户的"投流画像"（见图2-1），而这种投流画像实际上就是目标客户的数字画像，有了这个下一步我们很容易通过投流的方式借助算法"精准"触达这些目标客户。

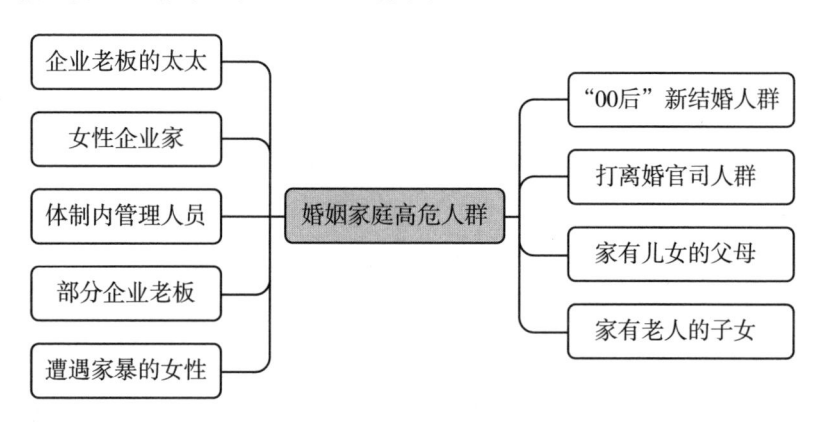

图2-1　婚姻家庭高危人群

婚姻家庭高危人群包括：
- 企业老板的太太
- 女性企业家
- 体制内管理人员
- 部分企业老板
- 遭遇家暴的女性
- "00后"新结婚人群
- 打离婚官司人群
- 家有儿女的父母
- 家有老人的子女

这也是短视频时代给我们带来的C端个人客户目标画像的新打法（见图2-2）。

投流画像

- 区域：京津冀鲁
- 年龄：29~50岁
- 兴趣标签

  宝妈、母婴、宝爸、信托、涉外、拆迁、汽车、别墅、写字楼、保姆、育儿嫂、心理咨询、侦探、管家

- 关注账号

  梳理出细分人群经常关注的10个头部账号，并作为投流的参考标准

图2-2　投流画像

第二节 场景任务

当目标客户画像完成之后,就需要更进一步,发掘"客户场景任务",换句话说,就是要洞察客户当下面临什么紧急任务,而且特别愿意为此付费。

以企业客户为例,对企业客户的场景任务识别,需要从行业法律服务的维度考虑。首先明确你的目标客户在行业中的位置,其次梳理出其与行业上下游的关系,并进一步勾画出企业主要的业务形态图。在这个基础上,我们就可以识别出客户在哪些场景下会面临哪些法律问题,进而为客户提供有针对性的法律解决方案。

还是以钢贸为例,我们的主要客户是钢材批发商,他们的上游是钢材供应企业,下游以各类施工单位为主。主要的业务是从钢材供应商那里采购钢材并销售给建筑企业用于各类工程建设,且销售的方式以赊销为主、现货交易为辅(见图2-3)。

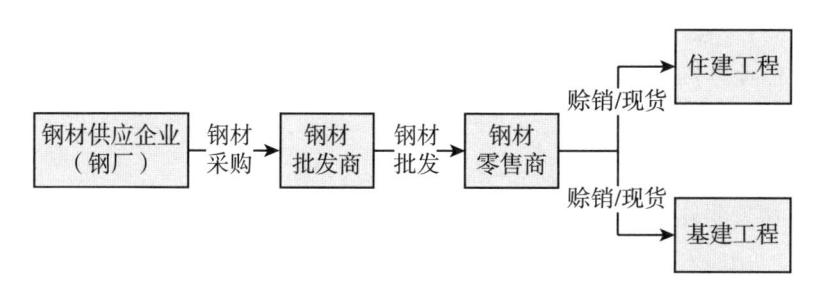

图2-3 钢贸业务流程

由此我们将客户(钢材批发商)的法律需求概括为三个层面:一是交易主体确认法律服务,因钢材采购属于大宗交易,量大价高，需要对交易主体提前做审查，确保交易方主体适格并有一定的偿付能力。

二是销售货款安全法律服务，钢材贸易多为工程建设供应，以赊销方式为主，必然涉及销售货款的安全性，确保客户的销售货款安全，也就成为法律服务需要解决的问题之一。

三是购销合同纠纷诉讼服务，前两项法律需求属于预防性法律服务，购销合同纠纷诉讼服务实际上是补救性法律服务，这是钢贸商与上下游发生纠纷的情况下为其提供法律上的救济。

概括来说，企业客户的场景任务是由它所处的行业、商业模式以及交易方式决定的，我们想要打磨出一款客户感兴趣、愿意付费的法律产品，对企业客户的分析一定要站在行业的维度、商业的维度、交易的维度。

同时，企业客户还需要考虑发展阶段，不同的发展阶段企业面临的问题差别很大。初创阶段，企业的合规需求一定不是最强烈的，甚至常法类需求都不是企业急需的，反而类似股权架构、激励机制才是这一阶段企业需要的；再到企业高速发展阶段，到处攻城略地，必然涉及对当地一些企业或资产的投资并购，这就是我们律师的业务机会，通过接触业务扩展的负责人，进一步结合客户的情况形成产品方案，再通过一些营销手段和谈案技巧形成签单；等到企业的成熟阶段，合规、风控才会提上日程，这个阶段才是合规服务切入的好时机。

相对企业客户，个人客户的场景任务的发掘相对来说就比较简单了。比如，我们在做婚姻家事板块的产品开发以及短视频运作，都会涉及个人客户场景任务的挖掘，当时采用的方法比较简单，就是一方面复盘和客户谈案的过程，客户的描述中本身就包含了场景任务，另一方面就是同理心，站在客户的视角看客户当下的场景任务，这样就很容易梳理出客户要完成的场景任务。

以我们经常接触的配偶出现外遇这一人群为例，我们是把这类客户人群的场景任务细分为"打'外遇'、要离婚、分财产、'抢孩子'、要和好、找律师"这六个具体的场景任务，再进一步依据场景任务设计匹配的法律产品（见图2-4）。比如，针对这一客户人群的"婚姻危机化解咨询卡""离婚诉讼少花钱辅导方案""女性离婚陪伴辅导""婚姻家庭官司优胜解决方案"，就是在场景任务的基础上研发出来的。

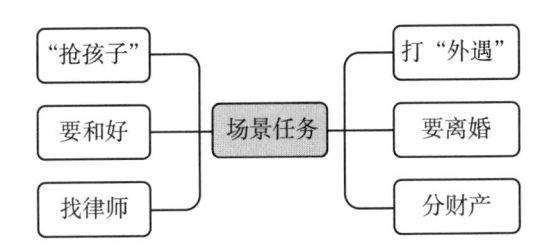

图2-4 婚姻家庭业务场景任务

当然，在这个环节还涉及一个问题，就是激发客户场景任务，形成有效需求。

易经，实际上就是一种非常好地激发客户场景任务的方式。正如上面说起的深圳律师，当时我们的合作伙伴与他聊完之后，立马就更换了自己的手机号码，这是希望通过更换手机号来"改命"。但在这名合作伙伴接触深圳律师之前，是没有感觉到自己的手机号有问题，需要更换手机号的，直到经过深圳律师的提点，才发觉手机号是有问题的，激发出"更换手机号的任务"，进而形成手机号更换的需求。

律师和客户接触的过程中，实际上也存在这种情况，我们想要的是客户最终采购法律服务（法律产品），但采购这一动作的前提是，客户意识到法律服务或者法律产品可以帮助自己解决当下的场景任务。

这点就需要通过一些方式，比如"算命"、风险体检、咨询沟通，让客户意识到当下确实存在一些问题，而且这些问题急需解决。有了这个意识，才有采购法律服务或者法律产品的可能，这就是激发客户场景任务、形成有效需求的意义所在。

第三节 价值感知

挖掘出客户的场景任务，再下一步就是做客户价值感知的设计，这就需要在产品设计上下功夫，让客户觉得产品方案足够值钱，能否做到这一点，很大程度上依赖于我们设计的法律产品能不能帮助客户算账，就是我们常说的法律产品的价值公式：

法律产品价值 =（新体验—旧体验）—实施成本

以我们正在推进的"规模企业股权节税计划"这款产品为例：对于产品报价问题，我们一直建议律师"先谈价值，再说价格"，先向客户展示产品能带来的价值，再结合价值谈报价。

否则，没有价值，即便是1元钱的法律产品，客户也会觉得"贵"。具体到这款产品，它最大的价值就是可以在20%的范围内通过股权节税的方式帮助企业降低税收负担。对企业客户来说，相当于可以通过部署落地这款产品帮助企业"赚钱"，而律师费就从帮企业赚到的钱中按照比例支付就行了。

这就是我们经常说的"律师在帮助客户成功的同时，顺便赚点律师费"。

不过遗憾的是，当下律师设计法律产品，更多的是从风险防控+争议解决的维度出发,而这两个维度客户的价值感知度比较低。比如,合规类的产品,能否让客户感知到合规的价值很大程度上取决于当地监管机构的执法力度。

最典型的企业用工合规产品,我之前在做法律产品大赛评委时,就提过"一款企业用工合规产品,放在浙江、深圳、上海这些地方很容易推行下去,而且客户也能感知到这款产品的价值。但放在部分地区,因为劳动违法的成本不高和监察力度不足,导致企业对用工合规没有足够的重视,自然会觉得这款产品没有太大的价值,反而不如可以帮助企业赚钱或者省钱的产品更好推广变现"。

再说争议解决类产品,这类产品以诉讼或者仲裁为主要业务流程,但问题在于国内是审判中心制,法官或者仲裁员才是案件结果的最终决定者,律师在其中起到的作用是"影响"而非"决策",自然很难向客户保证争议解决的结果。而一款无法带来客户明确预期(结果)的产品,在产品的价值感知上自然会大打折扣。

在这点上,我们可以考虑换个思路,在我们设计法律产品时,先考虑客户的价值感知,而价值感知中最容易被感知的就是算账类的法律产品,再进一步扩展形成"客户法律需求自检清单"(见表2-3),从战略决策+竞争超越+增值经营+资源对接+风险防控+争议解决,多维度切入做客户需求和法律产品研发。

之所以"算命术"在律师跟进客户中比较实用,很大程度上就是从战略决策的维度切入客户,帮助客户更好地按照风水、命数的方式做好决策。这一维度上客户的价值感知最强,自然付费的意愿也是最强的,远比我们给客户出一份法律风险防控方案要好很多。

表2-3 企业客户法律需求自检清单

本清单主要用于三大场景：
(1) 梳理法律客户需求类型，并与目标客户相比照，通过访谈、调研、日常服务更好地挖掘企业客户具体需求，以便于向客户提供定制化的解决方案或者法律产品；
(2) 更好地提炼现有法律服务/法律产品卖点，更好地与客户问题相融合，在谈案的过程中作为与客户谈沟通的基础；
(3) 法律服务产品的优化升级，以此完善法律服务产品，更好地契合目标客户需求。

法律服务 价值切入点	客户需求发掘三重视角			法律需求评估 （规模评估+急迫度 评估+感知度评估）
	客户自己 （改善企业运营， 完成KPI）	客户的客户 （客户开发、客户 满意度、客户忠诚度）	客户的竞品 （竞争优势、差异 化、市场地位）	
战略决策 （参与企业组织架构、股权架构、决策机制、用工模式等战略层面决策，为企业提供法律智库支持）				
风险控制 （以企业业务流程、商务交易、监管审查、财税安全、品牌防控等为对象，发掘其中存在的法律风险点，帮助企业搭建风险防控和落地解决体系）				

续表

法律服务价值切入点	客户需求发掘三重视角			法律需求评估（规模评估+急迫度评估+感知度评估）
	客户自己（改善企业运营，完成KPI）	客户的客户（客户开发、客户满意度、客户忠诚度）	客户的竞品（竞争优势、市场地位化、差异）	
争议解决（以企业历史案例研究为基础，帮助企业搭建纠纷预防体系，并通过谈判、诉讼、仲裁等方式帮助企业解决已发生的纠纷）				
竞争超载（关注企业与竞品竞争关系，通过法律手段为企业赢取竞争优势）				
增值经营（从类似给企业带来应收账款、专利维权等可以给企业带来直接商业价值的点切入，让客户感受到法律服务的直接商业价值）				
资源对接（通过律师自身或者律所平台为客户对接各类资源，为客户带来法律以外的增值价值）				

第四节　选择倾向

确定了前几项，我们对客户会有一个清晰的认识，但这还不够，我们还必须了解客户的"选择倾向"，这样才能实现"有计划地让客户选择我们而非其他律师"。尤其是当下客户找律师很容易的情况下，做好客户选择倾向的认知变得尤为关键，这是我们在和律师同行、法律服务公司竞争客户胜出的关键所在。在这点上需要做的就是过往客户访谈，每一单业务不论最终是否签订委托，我们都需要做一下客户回访，可以向客户询问下面几个问题：

客户是通过哪些方式、渠道找到我们的？

客户最终选择我们的因素是什么，价格、服务、方案还是其他？

客户未能选择我们的原因是什么？

上面几个问题只是提示，具体操作还需要针对不同的客户设计有针对性的问题，最佳的访谈客户，就是考察后没有和我们签委托的客户。

这类客户的访谈是最有价值的，可以让我们知道真正问题出在哪里以及我们和其他律师的差距在哪里。所以，对这类客户即便是"请客吃饭"也要想尽办法做客户的访谈，建立客户选择倾向的认知。

当然，要更进一步了解客户的选择倾向，就会用到心理学等知识，简单地说就是结合客户的个性，做产品方案的阐述，不仅是价值方面的说明，还包括情感维度的跟进，让客户不要选择其他律师，而一定要选择自己，甚至非自己不可。想要做到这一点，就需要有技巧。

我们还是以"算命术"为例，首先，律师中懂"算命"的非常少，"算命"中懂法律的更少，两者结合起来，再通过一些品宣给自己打上这个标签，很容易在客户中形成差异化，这是第一点。

其次，为什么"算命术"的应用会出现在深圳，很大程度上和当地客户的习惯相关，以"算命术"和他们对接，很容易获得他们的好感和信服，自然在客户选择律师上加分不少。

最后，正如上面提到的"算命术"最终的落脚点在于激发客户需求，在客户认识到自己存在这样、那样的问题（场景任务）之后，再拿法律产品切入，让客户感知到法律产品能解决自己当下的问题（价值感知），这样才会形成客户的签约委托，也是一种"营销"的方式。

在这个过程中，"算命术"只是一个引子，最终的落脚点还是解决客户的问题，否则即便是算得再好，其他都是虚的，估计客户接触一两次之后对律师也不会再信任了。

除对客户选择倾向的认知和引导外，还有一种影响客户选择的因素，就是品牌，其实品牌的本质就是一种承诺，是"给客户一个选择你的理由"。

当然，这个承诺不能凭空出现，而是建立在对利基市场、客户认知的基础上的。比如，执行领域，这两年是一个业务风口，并且对执行市场和执行所涉及的客户都有所了解，希望开发这个业务领域，就需要在理解的基础上，建立我们在执行业务领域的品牌。

我们当时提出的品牌承诺是"让执行不再难"，并且把这个承诺做成了执行团队对外的口号（slogan），后面具体的品牌设计都是围绕这个承诺展开的。

过去，对于品牌设计我一直很模糊，觉得品牌是靠时间打磨出来的，而不是设计出来的，想要做好品牌靠的是长期的积淀和曝光，最终建立品牌在客户心目中的印象。后来看过小马宋的《卖货真相》，才发现我对品牌有很大误解。

实际上，品牌是可以设计出来的，而这个设计框架比较适合的是"华与华品牌三角"，产品结构＋话语体系＋符号系统。

品牌，首先是产品的牌子，相当于通过产品来承载品牌。这点很容易理解，比如，我们在辅导执行律师团队时，对外提出的品牌口号（solgan）是"让执行不再难"，这句口号如果仅停留在口号上，显然无法形成品牌影响力，所以，为了让执行不再难，执行团队就研发了一系列法律产品，包括"拒执罪专项服务解决方案""重大执行财产线索监控地图""物业费不良资产化处置方案"，并进一步形成了执行救济板块的法律产品体系（见图2-5）。

这些产品在推广、部署和客户使用的过程中，就能让客户感知我们为实现"让执行不再难"所做出的努力，这种努力会进一步形成客户对我们的认知，这就是借法律产品做品牌背书的过程。

其次，品牌是一套话语体系，这套话语体系包括"产品的命名体系、企业文化、理念、价值观等内容，也包括日常发布的内容"。

具体到律师行业，品牌的话语体系，更多的是如何描述我们对于利基市场、对于客户认知以及对于我们自身三者关系的梳理，并在梳理的基础上形成对外可以让客户感知到的内容。

举个简单的例子，在执行领域，我们做出"让执行不再难"的品牌承诺后，仅仅有产品还不够，还需要不断地做内容输出，让客户更好地认知我们，也给一个客户选择我们的理由。比如，我们撰写"执行一本通"，设计"执行财产监控地图"，做执行相关的课程、直播、短视频、文章，以及举行执行疑难问题研讨会、沙龙等活动，都是在对外输出执行板块的话语体系，通俗地说就是通过这些东西建立我们在执行板块的"话语权"。

执行救济板块法律产品体系

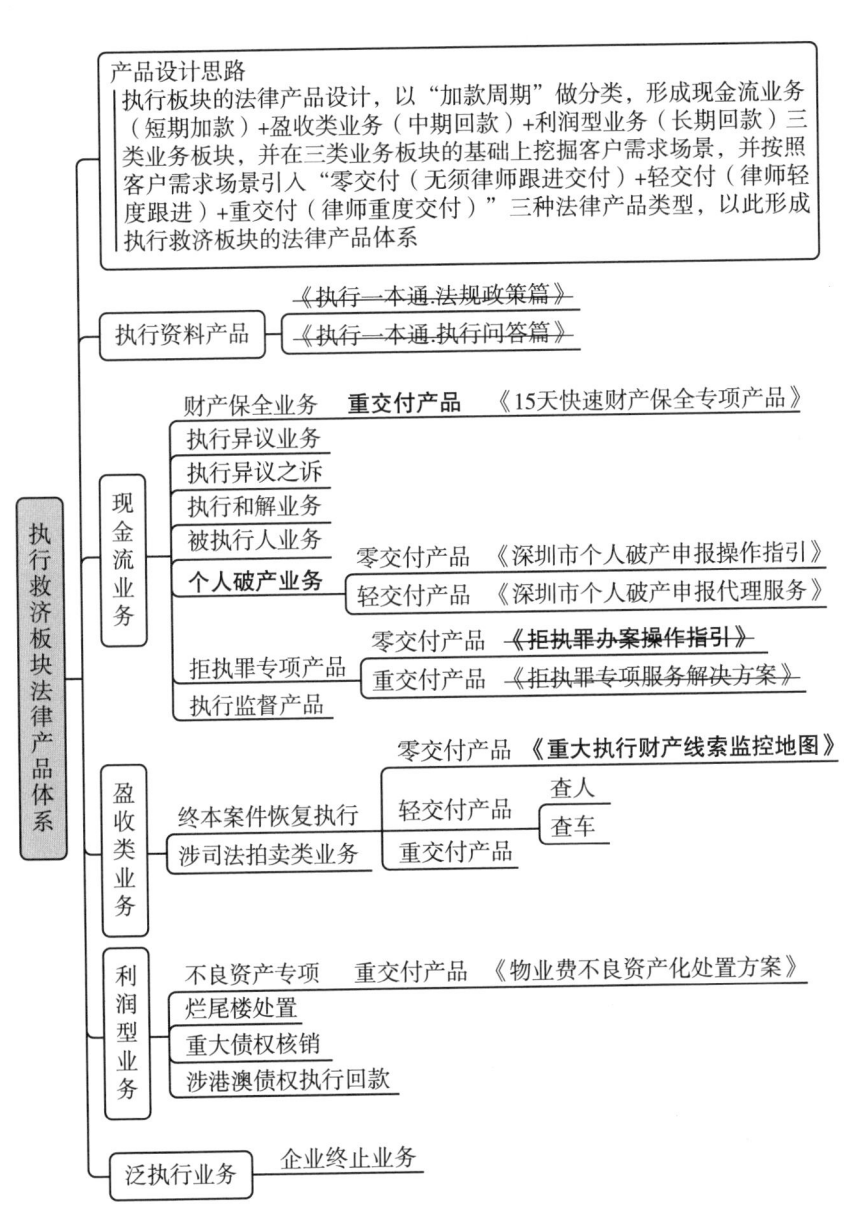

产品设计思路
执行板块的法律产品设计，以"加款周期"做分类，形成现金流业务（短期加款）+盈收类业务（中期回款）+利润型业务（长期回款）三类业务板块，并在三类业务板块的基础上挖掘客户需求场景，并按照客户需求场景引入"零交付（无须律师跟进交付）+轻交付（律师轻度跟进）+重交付（律师重度交付）"三种法律产品类型，以此形成执行救济板块的法律产品体系

- **执行资料产品**
  - 《执行一本通·法规政策篇》
  - 《执行一本通·执行问答篇》

- **现金流业务**
  - 财产保全业务 —— 重交付产品 ——《15天快速财产保全专项产品》
  - 执行异议业务
  - 执行异议之诉
  - 执行和解业务
  - 被执行人业务
  - **个人破产业务**
    - 零交付产品 ——《深圳市个人破产申报操作指引》
    - 轻交付产品 ——《深圳市个人破产申报代理服务》
  - 拒执罪专项产品
    - 零交付产品 ——《拒执罪办案操作指引》
    - 重交付产品 ——《拒执罪专项服务解决方案》
  - 执行监督产品

- **盈收类业务**
  - 终本案件恢复执行
    - 零交付产品 ——《重大执行财产线索监控地图》
    - 轻交付产品 —— 查人 / 查车
  - 涉司法拍卖类业务 —— 重交付产品

- **利润型业务**
  - 不良资产专项 —— 重交付产品 ——《物业费不良资产化处置方案》
  - 烂尾楼处置
  - 重大债权核销
  - 涉港澳债权执行回款

- **泛执行业务**
  - 企业终止业务

图2-5 执行救济板块法律产品体系

有了话语权,才会有品牌影响力。当然也会让我们推广法律产品变得更容易。

这点很容易理解,比如,现在的直播带货,带货主播千千万,但真正掌握话语权无非是董宇辉、李佳琦等头部主播,而他们之所以成为头部,很大程度上就是掌握了话语权,从而确定了自己在直播领域的"江湖地位"。

律师做品牌也是如此,对外做内容输出不是目的,而是希望通过内容掌握话语权,进而形成品牌对客户、对同行、对机构的影响力,这种影响力才是品牌追求的目标所在。

最后,品牌需要提炼成符号系统。产品结构和话语体系最终需要有一个落脚点,而这个落脚点就是品牌的符号系统。我们需要将品牌凝练成为符号,让客户"只看一眼,听一声,就能够记住它、熟悉它、喜欢它,并乐意掏钱购买它,甚至逢人就爱谈论它",这不就是我们一直在追求的品牌差异化、品牌美誉度、品牌忠诚度吗?要做到这一点就需要在品牌名字、logo、感官符号、色彩、法律产品封装等客户能看到、听到的品牌元素上下功夫。

以执行领域为例,我们围绕"让执行不再难"的品牌口号(slogan),设计了一系列物料,包括团队 logo、名片、手提袋、档案袋、文件信封、手册封面、团队字体包、对外展示 PPT 模板,都是在符号上下功夫,就是为了让客户"只看一眼,听一声,就能够记住它、熟悉它、喜欢它,并乐意掏钱购买它,甚至逢人就爱谈论它"。

当然,仅有这些东西还不够,我相信任何一个律师团队花点钱都能把这一套做出来,我们还需要在符号系统的基础上"提炼超级符号"。实际上"让执行不再难"就是我们给执行团队提炼出来的超级符号。

就这个符号而言,首先,"解决执行难"这个话语本身是有出处的，最早是《关于落实"用两到三年时间基本解决执行难问题"的工作纲要》中提出的，是官方下达的一项政治任务，而在解决执行难问题中，官方也鼓励律师参与其中，给了律师做执行业务很大的空间。

其次，这也是我们主要的目标客户——执行申请人的切身感受。当下的执行，实际难度比我们想象的更大，不论是执行财产的转移、隐匿还是执行局案多人少的现状，以及被执行人各种逃废债，都让执行案件的回款成为一个难题。

最后，执行难也是律师的一个感受，不少律师不愿意做执行案件，很大程度上就是觉得执行案件太烦琐、回款周期太长、主要靠执行局律师能发挥的作用很有限。

这时，如果有一个团队提出"让执行不再难"，并且通过一系列的法律产品、话语体系的传播，让更多人知道并可以实现"让执行不再难"，实际上给了官方、客户、同行三者一个很强烈的符号，通过这个符号驱动三方和我们建立联系，最终形成有效的业务。这是"让执行不再难"这个超级符号的价值所在。

这就是品牌的打造和意义所在，也是在客户选择倾向上最具有影响力的一个因素。

第五节　信息搜集

做了这些还不够，上面的客户认知，还仅仅是一个群体形象有助于律师认知目标客户群体，在这个基础上我们还可以进一步细化，做重点客户的信息卡（如下），用于跟踪、了解重点客户，随时发掘重点客户的需求，这就是我们一直在提倡的做重点客户（大客户）信息库的内容。

能做到这点很大程度上在于，律师团队的客户的数量是有限的，好一点的对接到上千家企业客户，差一点的可能只有几家、十几家企业客户，这个量级和其他行业动辄万级、百万级甚至千万级的客户量根本就没法比。

也正因如此，律师可以把有限的客户做得更深入一些，对客户的了解越深入，越能有效识别出客户的需求，设计出相应的法律产品，解决客户的问题，这恰好也是律师行业做客户认知的特色所在。

尤其是在当下，律师行业已经进入"买方市场"，市场上的增量客户已经不多了，需要更加深度开发存量客户，而存量客户的深度开发，取决于律师对客户的认知程度，只有建立一对一的深度认知，我们才能更好地发掘客户需求，匹配相应的法律产品。

当然，客户信息的收集还有一个作用就在于后面会提到的通过投流来推广法律产品，一旦前端我们能形成"目标客户名册"，后续就可以通过抖音信息流、朋友圈广告等投流广告的方式精准地将产品信息触达目标客户，这也是数据时代我们做好客户名册的意义所在。

总结一下，客户画像＋场景任务＋价值感知＋选择倾向＋信息收集，这就是一个客户认知的完整过程，确实不是一件容易的事，涉及不少领域，需要我们一点一滴地积累和打磨，才能建立更好的客户关系，研发出更有价值的法律产品。

第三章 需求洞察

第一节 客户需求分类

需求洞察,这是法律产品的起点,也是做法律产品中比较艰难的一个环节。

客户需求其实可以分为两类:一类是被动需求,另一类是主动需求。以往做法律服务,律师更多处于一种"被动的角色"(见表3-1)。一般都是客户找上门了,主动提出具体的需求了,而后律师根据客户的需求做解决方案设计。但做法律产品,不能局限于客户主动提出的明确需求,还需要进一步挖掘客户还没有提出的"深层次需求"(被动需求)。

表3-1 客户需求分类

需求类型	内容
主动需求	客户找上门主动提出具体的需求了,而后律师根据客户的需求做解决方案设计
被动需求	客户没有意识到或者没有认知清楚。这种情况下很难指望客户会主动找到律师,而应该律师"主动点",发掘客户的"被动需求"

对于客户的主动需求,实际上相当于客户已经发生问题,并且愿意花钱请律师帮忙解决问题。虽然看起来比较简单,但有一个误

区一定要注意,就是"不能不加识别,照单全收",而应该更进一步分析客户提出的"主动需求",多问几个为什么,探察出客户真正想要的是什么。

我们的客户一般都不是学习法律出身,他们对法律的理解更多是基于一些媒体宣传或者自己朴素的理解,所提出的需求有时候并非自己真正想要的东西。

举个简单的例子,前段时间有个客户咨询我说想打官司,要求他们公司的一个离职员工赔礼道歉并赔偿损失,这是客户的主动需求,但我们不能不加考虑就沿着客户的思路走下去,而应该具体再沟通,这个员工做了什么事,客户为什么要打这个官司,客户希望打官司给自己带来什么、客户对于官司的费用、时间以及可能出现的结果是否有认识。

进一步沟通,我们发现就是一件小事,员工离职时,因为有一笔提成费还没有结清,就在自己朋友圈公开说:"公司拖欠他的工资。"客户看到之后觉得,员工冒犯了公司,发布的这个朋友圈消息损害了公司的名誉,所以要和员工打官司。

再进一步沟通我们发现客户这边真实的意图是,最近公司离职人员太多,需要杀鸡儆猴,减少员工离职率。

在这个基础上,我们没有帮客户打官司,而是重新梳理了一套方案——《员工"维稳计划"》,从组织架构、竞业限制、服务期等方面入手做了一单非诉业务,将原本的打官司变成了非诉法律服务。

在辅导婚姻家庭团队做婚姻家庭客户需求梳理的时候,我们也遇到了同样的问题。我们发现做婚姻家庭案件不是简单地帮客户打赢离婚官司,核心要点在于"帮助女性在婚姻危机中占据优势地位"。这个优势地位可能需要谈判调解,可能需要司法诉讼,也可能需要心理疏导,还需要家庭财产设计,更需要博弈技巧,这是婚姻家庭团队能办成这些案例的核心竞争力，也是婚姻家庭类客户的核心需求点所在。

这就要求我们在处理客户主动需求时注意，一定要"界定问题，探求客户的真实意图"，这样才能在客户需求的基础上做出有针对性的解决方案。

当然，做出有针对性的解决方案还不算结束，这个过程还仅仅是传统法律服务的过程，还需要更进一步，"评估这个解决方案是否有升级为法律产品的可能"，这点就是从法律服务到法律产品的升级。

我们在实际操作的时候发现，不是所有的法律服务都能升级为法律产品，需要满足一些条件，于是我们对这些条件做梳理之后形成了一份法律产品优先级评估表（表3-2），以此作为法律服务到法律产品的评估标准。

表3-2 法律产品优先级评估表

内部资料

项目	客户感知度（客户对需求缺乏的感知程度）	客户急迫度（客户对需求解决的急迫程度）	客户挫败感（客户之前是否有诉讼或者惩处经历）
规模量（产品涉及的目标客户体量）			
工作量（产品研发需要投入的人力、时间）			
匹配度（法律产品对客户问题的解决程度）			

比如，需要审查法律服务中付费的主体，看看同类型的客户数量有多少，或者盘子有多大，看看值不值得做一款产品开发。又如，工作量需要评估，对于同类型的服务在下一家、下下一家客户部署的时候，可能出现多少定制化要求，能不能最大限度使用之前服务积淀的"通用模块"。

如果定制化要求占比太高，达到90%以上的话，就很难做"复制"，自然也很难升级为法律产品。同时，还需要评估客户方面的标准，比如客户对法律服务的价值感知度、客户的急迫度以及客户之前是否有过挫败感。

经过这张表的评估之后，我们发现法律服务升级为法律产品具有很大的潜力，下一步就是做法律服务到法律产品的升级了。

这是对客户主动需求的挖掘和法律产品化处理（见图3-1）。

主动需求 → 解决方案（法律服务）→ 法律产品

图3-1 主动需求的产品化处理

第二节 客户需求洞察

实际上，客户除主动需求外，大量的需求是"潜在需求"或者说"被动需求"。客户没有意识到或者没有认知清楚。这种情况下很难指望客户会主动找到律师，应该是律师"主动点"，发掘客户的"被动需求"。

以招投标为例，有的律师会将招投标作为客户主动需求，然后参与投标。而有的律师是把招投标作为"被动需求"，在客户发布招投标之前已经在跟进客户，甚至招投标的发起都是在律师的作用下形成的,这就是典型的发掘客户"被动需求"的方式。

想要更进一步,形成"客户被动需求发掘"的长效机制,就得再深入一点,搭建"客户需求洞察地图"(见图3-2),从宏观、中观、微观三个层面做客户需求的持续洞察。

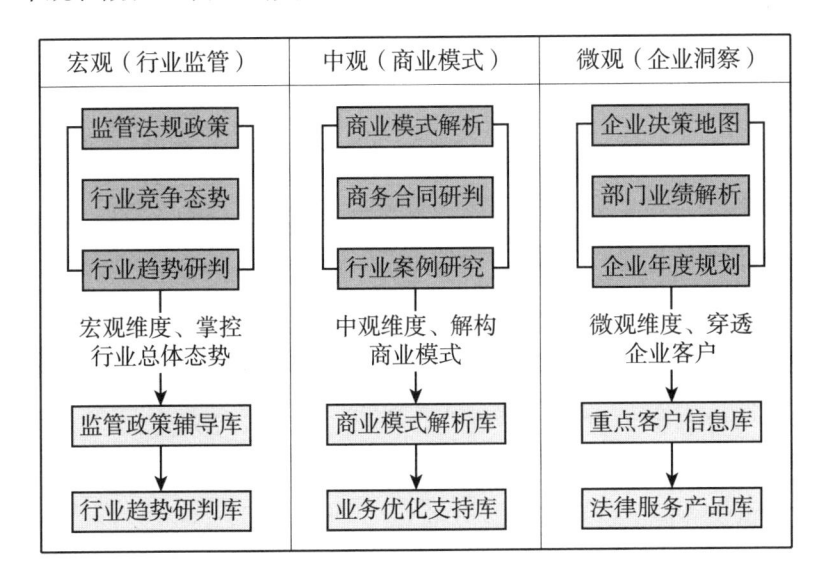

宏观(行业监管)	中观(商业模式)	微观(企业洞察)
监管法规政策	商业模式解析	企业决策地图
行业竞争态势	商务合同研判	部门业绩解析
行业趋势研判	行业案例研究	企业年度规划
宏观维度、掌控行业总体态势	中观维度、解构商业模式	微观维度、穿透企业客户
监管政策辅导库	商业模式解析库	重点客户信息库
行业趋势研判库	业务优化支持库	法律服务产品库

图3-2 客户需求洞察地图

这个地图主要针对的是企业客户。

宏观层面,需要了解的是企业客户所处行业的监管法规政策、行业竞争态势、行业趋势研判,然后在印象笔记上搭建"监管政策辅导库、行业趋势研判库"两个数据库,再通过对数据库的分析,从"政策文件变化中发现隐藏的客户需求"。

以我们之前设计的"税务系统社会保险费征缴专项法律产品"为例(见表3-3),这款产品当时之所以能研发出来,很大程度上是因为政策文件的变化,即人社部、国家税务总局发布了新的政策,将社会保险费转由税务部门征缴,这一政策变化激发了地方税务部门对社会保险纠纷法律服务的需求。

表3-3 税务系统社会保险费征缴专项法律产品

项目	业务内容
税务部门与人社部门的交接	人社部门移交类案件审查清单
税务部门工作人员培训	税务系统社会保险违法案件分类处理表 税务部门处理社保违法案件的20个问题解析课程 税务系统社会保险政策法规读本
税务部门社会保险费征缴业务	社会保险费征缴业务流程 社会保险费征缴业务文书

中观层面，需要了解的是<u>企业客户所处的行业或者领域</u>，具体来说就是了解行业或者领域中商业模式、行业案例、行业合同等信息。落地的方式也是在印象笔记上搭建"商业模式解析库、业务优化支持库"，通过对行业或者领域商业模式、业务模式的研究发现客户的潜在需求。

以"房建企业印章安全管护方案"这款产品为例，当时从印章切入做房建企业的法律产品研发，就是基于对房建企业的业务优化得出的结论。

我们在梳理房建企业的业务流程时发现，房建企业多采用项目部的运作方式，而项目部是房建企业印章使用的主要主体，特别容易发生项目部违规用章、私刻印章的情形，基于这个需求点的挖掘，我们才进一步整合资源，研发出"房建企业印章安全管护方案"，用法律+科技的方式解决房建企业印章安全问题。

微观层面需要具体企业客户，但不能仅局限于企业客户自己，应该扩展到<u>企业客户的客户</u>和<u>企业的竞品</u>。具体操作层面，我们研发了一份"企业客户需求自检清单"（见表3-4）。

表 3-4 企业客户法律需求自检清单

本清单主要用于三大场景:
(1) 梳理法律客户需求类型,并与目标客户相比照,通过访谈、调研,日常服务更好地挖掘企业客户具体需求,以便于向客户提供定制化的解决方案或者法律产品;
(2) 更好地提炼现有法律服务/法律产品卖点,更好地与客户问题相融合,在谈案的过程中作为与客户谈案沟通的基础;
(3) 法律服务产品的优化升级,以此完善法律服务产品,更好地契合目标客户需求。

法律服务 价值切入点	客户需求发掘三重视角			法律需求评估 (规模评估+急迫度 评估+感知度评估)
	客户自己 (改善企业运营, 完成 KPI)	客户的客户 (客户开发、客户 满意度、客户忠诚度)	客户的竞品 (竞争优势、差异 化、市场地位)	
战略决策 (参与企业组织架构、股权架构、决策机制、用工模式等战略层面决策,为企业提供法律智库支持)				
风险控制 (以企业业务流程、商务交易、监管审查、财税安全、品牌防控等为对象,发掘其中存在的法律风险点,帮助企业搭建风险防控和落地解决体系)				

续表

法律服务切入点	客户需求发掘三重视角			法律需求评估（规模评估＋急迫度评估＋感知度评估）
	客户自己（改善企业运营，完成KPI）	客户的客户（客户开发、客户满意度、客户忠诚度）	客户的竞品（竞争优势、差异化、市场地位）	
争议解决（以企业历史案例研究为基础，帮助企业搭建纠纷预防体系，并通过谈判、诉讼、仲裁等方式帮助企业解决已发生的纠纷）				
竞争超载（关注企业与竞品竞争关系，通过法律手段为企业赢取竞争优势）				
增值经营（从类似企业应收账款、专利维权等可以给企业带来直接商业价值的点切入，让客户感受到法律服务的直接商业价值）				
资源对接（通过律师自身或者律所平台为客户对接各类资源，为客户带来法律以外的增值价值）				

首先,梳理法律服务的商业价值,这是法律服务中最容易为客户感知的部分,可以概括为几大价值,包括战略决策、风险控制、争议解决、竞争超越、增值经营、资源对接。从这五点出发,再结合企业需求的三重视角,通过深入和企业接触,必然能发掘出企业客户的"被动需求"。

我们之前辅导的汽车律师团队就采用这种需求挖掘的方式。按照法律服务的五大价值,先研究企业客户自身的业务流程,从业务流程中梳理"隐藏的法律服务需求点"。

以销售部门为例,通过对销售部门业务流程的梳理,我们很容易从法律合规、法律谈判和诉讼服务三个维度切入,并具体细化出各个板块会涉及的法律服务需求点(见图3-3)。

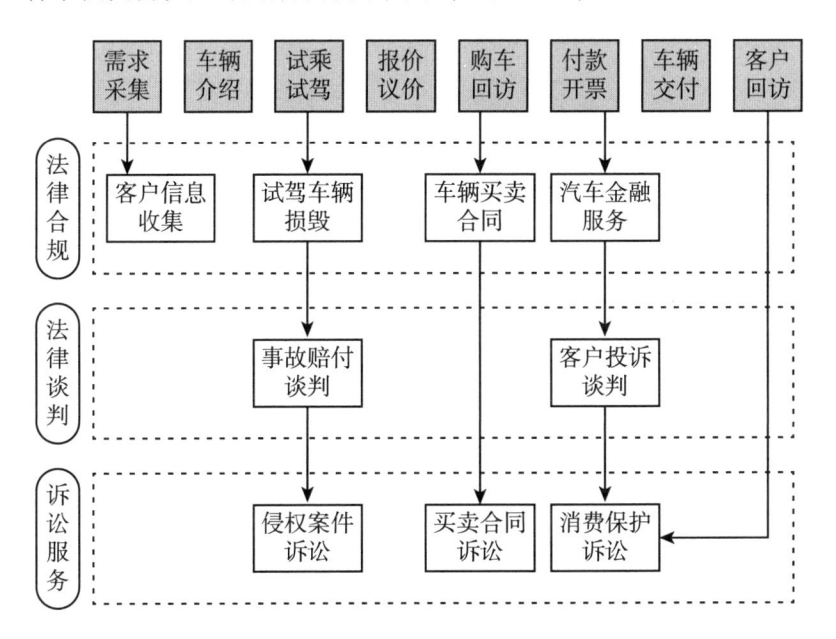

图3-3 汽车销售部门法律服务需求

这个过程需要和企业客户的深度沟通以及长期的互动接触，还有一个很重要的落地前提就是对"数据的沉淀"（见图3-4），这是我们做出上述决策的依据。

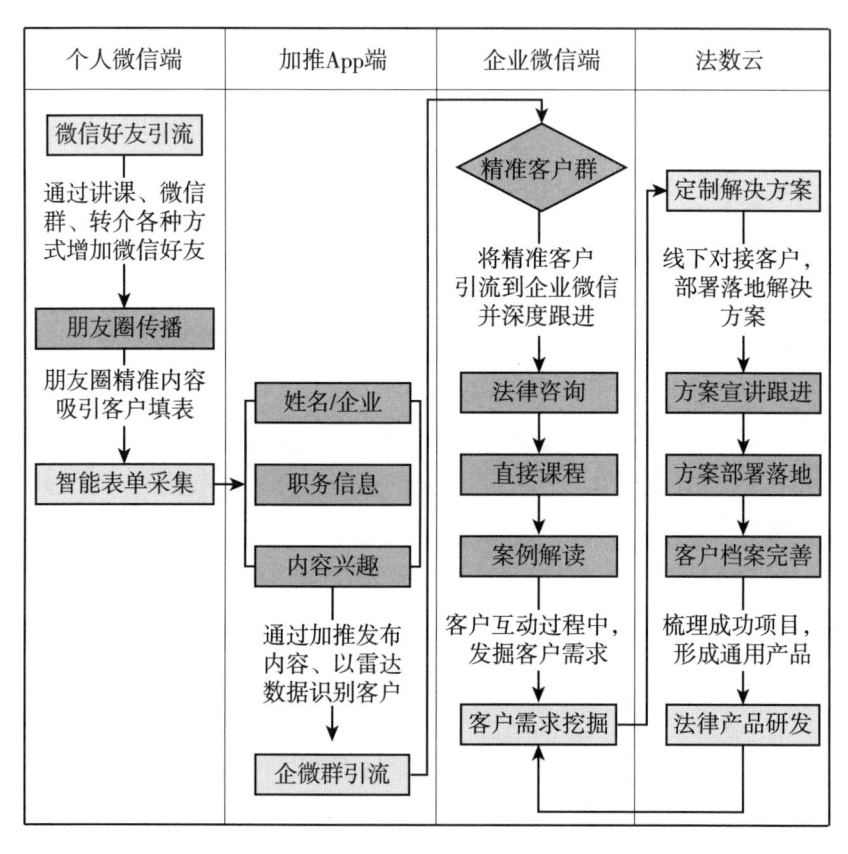

个人微信端	加推App端	企业微信端	法数云
微信好友引流 通过讲课、微信群、转介各种方式增加微信好友 ↓ **朋友圈传播** 朋友圈精准内容吸引客户填表 ↓ **智能表单采集**	**姓名/企业** **职务信息** **内容兴趣** 通过加推发布内容、以雷达数据识别客户 ↓ **企微群引流**	**精准客户群** 将精准客户引流到企业微信并深度跟进 ↓ **法律咨询** ↓ **直接课程** ↓ **案例解读** 客户互动过程中，发掘客户需求 ↓ **客户需求挖掘**	**定制解决方案** 线下对接客户，部署落地解决方案 ↓ **方案宣讲跟进** ↓ **方案部署落地** ↓ **客户档案完善** 梳理成功项目，形成通用产品 ↓ **法律产品研发**

图3-4 动态客户关系管理系统

这也是行业内不少律所提到的"律所数字化"的模式，不过对律所数字化不要想得太复杂了。在法律产品板块，律所数字化集中体现在"客户数据沉淀"上。比如我们之前辅导的一家律所目前就采用多款工具组合的方式，包括个人微信、加推App、企业微信、法数云,形成一套从和客户接触、客户标签、客户服务互动数据、客户业务数据、跟进拜访数据到客户商务数据"自动沉淀"的系统。

仅仅有系统还不够,还需要有一个例会机制,这个机制就是"客户数据分析暨需求研讨会",数据不会自动变成需求,而是需要在数据分析的基础上,集合案管人员(负责数据采集和整理)、法律产品经理(负责客户需求挖掘)、客户服务律师(负责方案设计和部署落地),三方每月一例会,形成客户需求发掘的长效机制。

上面更多的是从 B 端企业客户的维度分析客户需求,做 C 端个人客户的需求发掘也有一些普适性的打法。比如,C 端个人客户的需求发掘可以参考李叫兽提出的"需求三角"模型,即缺乏感+目标物+能力(见图 3-5)。

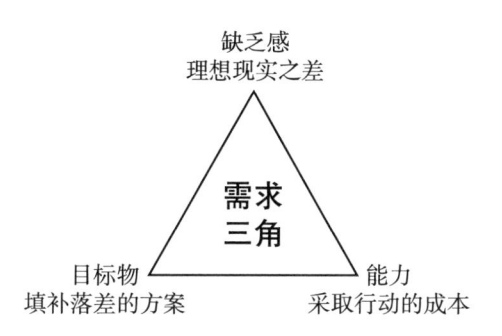

图 3-5 需求三角

以婚姻家庭领域为例,在梳理婚姻家庭客户需求的时候,就应用了这个"需求三角"。首先是找"婚姻的高危人群",这类人群是对婚姻有更高要求的人群,比如典型的企业家群体。之后就是目标物,会出现出轨等行为,而这些全部构成了"婚姻的危机",这类婚姻危机出现也是婚姻家庭法律需求的形成。

第三节　客户需求评测

上面是客户需求的发掘，但我们要知道，"任何需求都是有约束要件的"，并不一定能成为真正的需求。

这句话不好理解，举一个简单的例子：这两年，我们在辅导律协、规模律所搞法律产品大赛的时候，经常会有律师从合规的需求出发，设计合规相关的法律产品，但合规这一需求明显是受到很多因素制约的，也就是我们说的"需求的约束条件"。

在国资类企业，合规是监管部门或者国资委的硬性要求，国资类企业必然需要做合规，但合规做到什么程度、哪些方面做、由谁来做、最终的交付成果是什么，这些需要根据国资类企业的不同情况设定。

我们之前接触过的一家国资类企业就说过："当下的合规其实只需要做到满足监管要求的程度就可以了，没有办法也没有必要做深度合规。"自然合规类产品在国资类企业设计的时候，更多的时候还是要满足企业的特定需求。

对于私营企业，尤其是中小企业，合规实际上意味着成本的开支，在监管压力不大的情况下，私营企业是没有足够的动力做合规的，这类需求在私营企业几乎是"伪需求"，很难在此基础上研发出法律产品。

当然，在合规类产品中还有一个小的切入点，即数据合规，无论是对国资类企业还是私营企业，都有一定的刚性，这涉及数据侵权的问题，是通过合规降低客户高频发生的风险，自然客户的感知度就比较高了,也容易为此类产品付费,这类需求就是"真需求"。

所以,在这一环节,需要做的是客户需求的"真伪"评测,是通过梳理客户需求约束条件的方式,看看我们发掘出来的需求是真需求还是伪需求,进而在需求的基础上研发法律产品。

第四章　产品设计

第一节　法律产品画布

明确了目标客户、挖掘出客户需求之后，就进入产品设计环节。

这个环节中，在实务操作上，我们一般会将业务律师召集到一起，花上2~3个小时讨论一个东西，就是我们设计的"法律产品设计画布"（见表4-1）。

表4-1　法律产品设计画布

目标受众分析	受众需求点	解决方案描述			产品卖点描述（用一句话概括产品卖点）	
		已有方案	方案弊端	产品方案		
	1.					
	2.					
	3.					
方案流程						
支付成果						
匹配渠道分析	竞争优势分析	运作成本分析			创收模型分析	
		运营成本		业务成本	直接创收	
					间接创收	

这个设计画布是在商业画布的基础上优化出来的，适合法律行业产品设计的框架图。主要的作用在于，按照产品的架构帮助律师梳理法律产品框架，进而在框架的基础上进一步做法律产品手册，在手册做好之后再进一步做与法律产品手册配套的业务流程、交付成果，最后再做法律产品说明课程、推广课程、推广计划。

在这个过程中，最核心的就是"法律产品手册"，这是整个法律产品设计过程的核心，也是整个法律产品设计工作的载体。

下面我们就以之前辅导钢贸团队做的"钢贸法律服务产品手册"为例，看看如何更好、更落地地设计法律产品。

一、法律服务产品手册不宜太厚

法律服务产品手册，个人不太建议做得"很厚"，一般3~6页的册页就足够了，毕竟我们得考虑客户的感受，人都是能偷懒的时候尽量偷懒，一本很厚的手册和一份3~6页的册页，后者对客户来说压力小点，也更容易被客户"认真看完"。

建立这个意识之后，我们需要一页一页地复盘法律产品手册的设计过程。

二、提炼"业务亮点"

要提炼"业务亮点"，给客户一个选择我们而非选择其他律师的理由。

还是以钢贸专项为例，我们在客户认知的基础上梳理出会影响客户选择的几个要点（见图4-1）：

1. 服务的钢贸行业头部客户；
2. 已办结钢贸类案件数量；
3. 业务涉及的标的总额；

4. 涉钢贸诉讼案件处理情况（诉讼结果、办结时长、客户满意度）；

5. "先服务，后收费"以及诉讼融资的新型收费方式；

6. 执行保全的成功案例（执行结果、办理时长、客户满意度）。

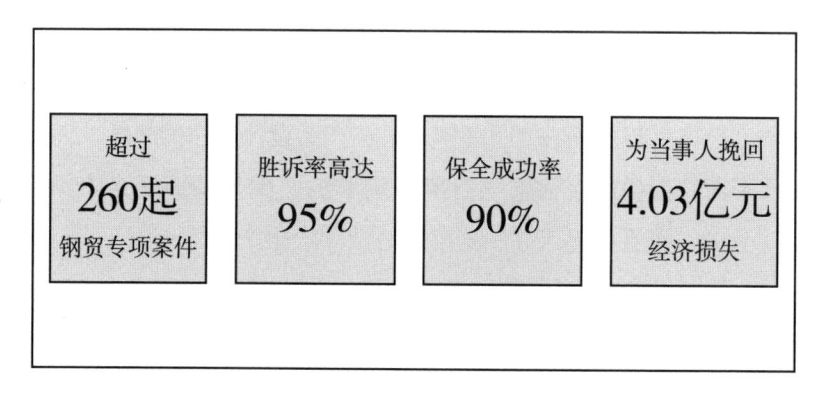

超过 **260起** 钢贸专项案件	胜诉率高达 **95%**	保全成功率 **90%**	为当事人挽回 **4.03亿元** 经济损失

图 4-1 服务要点

同时，因为钢贸法律服务的核心在于涉钢贸诉讼案件的处理，所以我们按照"标的额大、头部客户、新型案件"的标准筛选出我们钢贸团队办结的"成功案例"，并附加上案件二维码，对案件做评析说明，让客户可以对我们经办的案件有直观的了解。

在这个环节，需要注意成功案例的展示方式。律师群体容易犯的错误就是会把案例展示做得很"专业"，专业也意味着提升了客户的认知门槛。所以，做典型案例展示最好的方式就是学习昆鹰律师事务所，把典型案例变成客户通俗易懂的"案例故事"，这样才能更好地被客户认识和理解。

做业务亮点的提炼重点在于"发掘律师和客户的匹配关系"，既要了解客户的需求点、选择倾向是什么，也需要熟悉我们自身，知道我们和其他律师之间的差异是什么，扬长避短，发挥我们的优势,并通过"好的文案"表现出来。

三、向客户展示提供的解决方案

这里所谓的解决方案就是满足客户需求、解决客户问题的通用方案(客户签委托之后还需要在通用方案的基础上根据客户的实际情况设计具体解决方案)。

具体到钢贸专项法律服务,钢贸批发商的需求点在于交易安全、货款安全和诉讼救济,以这些需求为起点,我们设计出了钢贸法律服务专项方案,称为"四阶段七专项"(见图4-2)。

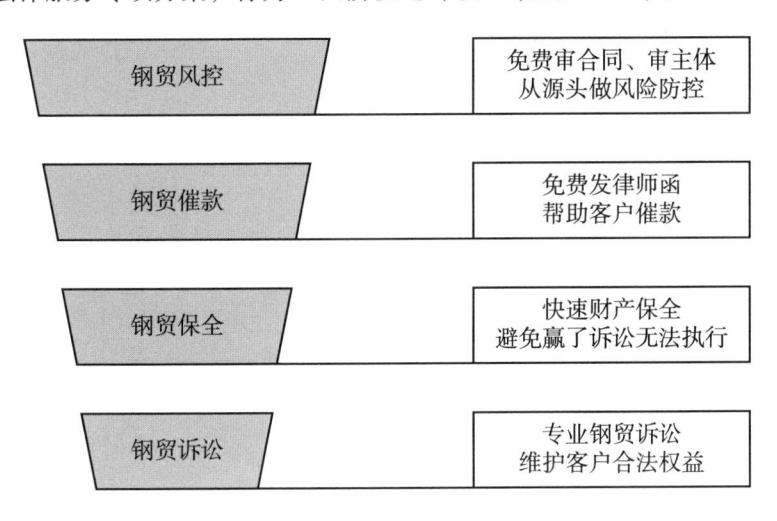

钢贸风控	免费审合同、审主体 从源头做风险防控
钢贸催款	免费发律师函 帮助客户催款
钢贸保全	快速财产保全 避免赢了诉讼无法执行
钢贸诉讼	专业钢贸诉讼 维护客户合法权益

图4-2 钢贸法律服务专项方案

第一阶段:钢贸风控阶段,向钢贸客户提供:钢贸交易标准业务模板、钢贸交易免费主体审查、钢贸交易免费法律体检。

第二阶段:钢贸催款阶段,提供钢贸交易免费催款服务、钢贸交易专项诉讼服务。

第三阶段:钢贸保全阶段,做钢贸交易专项保全服务、钢贸交易专项执行服务。

第四阶段：钢贸诉讼阶段，是在钢贸商"被逼无奈"的情况下发起诉讼，通过诉讼的方式解决问题。

同时，对于每一个专项方案，我们都会另行制作相应的业务流程、业务文书、业务指引手册以及成功案例、报价方案。

让客户知道我们会在这一阶段"做什么、怎么做、可以做到什么程度"。这些专项服务手册和《钢贸法律服务产品手册》共同形成了一个完整的解决方案，基本囊括了钢贸客户80%~90%的法律问题（见图4-3）。

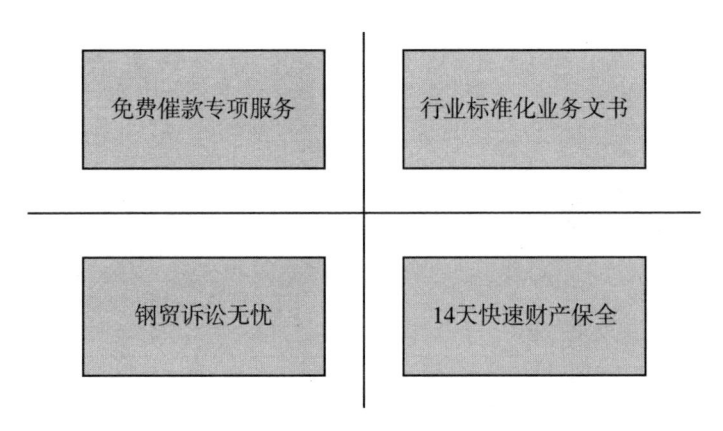

免费催款专项服务	行业标准化业务文书
钢贸诉讼无忧	14天快速财产保全

图4-3 钢贸法律服务产品矩阵

这里需要注意，设计解决方案有三个重要原则：

一是有针对性，不是关起门来"想象"出的解决方案，而是通过客户场景需求识别，在了解客户需求的基础上，设计有针对性的解决方案。

二是解决方案要符合客户的认知，让客户知道做什么、怎么做、可以做到什么程度，让客户知道自己的钱花在了哪里。

三是解决方案要有层次，具体可以分为"引流型法律服务"和

"增值型法律服务"。比如，钢贸法律服务产品手册中业务模板、主体审查、法律体检、催款服务就属于引流型法律服务，是给客户以"初体验"，建立客户对我们的信任和认可，然后通过诉讼、保全执行专项服务实现增值。

四、团队介绍背书

解决方案如果没有合适的人员操作，仅仅是纸上的解决方案，因此有解决方案还必须有合适的操作人员，团队介绍背书解决的就是"人的问题"。

团队介绍要体现出我们的团队性。目前有不少律所/律师团队在做团队介绍的时候采用的是"罗列"的方式，把每个团队成员一一罗列，这种方式的弊端很明显，客户很难知道谁主谁次、谁负责哪些工作。

我们钢贸法律服务产品手册中，关于团队介绍部分，采用的是"划分部门"的介绍方式，结合钢贸法律需求的特点，划分为"钢贸风控部门、钢贸诉讼部门、钢贸执行部门"，并安排资深律师作为各个部门的负责人，向客户展示了钢贸团队的人员实力。

团队介绍还需要注意有所克制，不能一股脑地把所有的职位、荣誉、资料都放上去，而应该有选择性地列举，考虑法律服务产品手册与需要介绍的律师的匹配度，选择能打动客户的成功案例、职位、头衔、专著等资料作为介绍的内容。

五、给客户提供后续深度对接

这里的对接有两层含义：一是让客户可以更加深入地了解我们，毕竟产品手册的内容有限，我们可以考虑在产品手册上加入二维码，客户通过扫码就可以获取进一步的资料或者扫码进入我们的公众号、官网进一步了解我们的信息。二是预留联系方式、位置信息、对接人员,重点是对接人员,需要在律所的市场管理上做安排。比如钢贸领域,因客户有聚集的特征,我们针对客户聚集的每个钢贸城都配置了特定的对接人员负责,相当于这个区域的"客户经理"。

这是我们做《钢贸法律服务产品手册》的过程复盘,在这款产品完成之后,我们又陆续推出了多款法律产品,涵盖企业用工、执行业务、科创行业等,在这些法律产品设计的基础上,也进一步梳理出《法律产品手册内容设计稿》,用以帮助律师更便捷地设计法律产品手册(见图4-4)。

法律产品手册内容设计稿

- 第一部分(客户需求背景说明)
  - 政策背景说明
  - 问题背景说明
  - 客户具体问题的危害(可以考虑以角色做区分)

- 第二部分(律师解决方案说明)
  - 客户对上述问题已有方案不足说明
  - 律师解决方案整体说明
  - 解决方案业务流程
  - 解决方案将会成果

- 第三部分(成功案例展示)
  - 针对上述解决方案向客户提供可供参考的成功案例(建议以成功案例故事的方式展示)
  - 成功客户背书评语(邀请成功客户对做项目评语)
  - 服务客户logo墙

- 第四部分(服务团队介绍)

服务团队建议按照"客户律师+主办律师+辅助律师"三类角色做安排

  - 客户律师(负责与客户之间的交流沟通、解决方案衔接)
  - 主办律师(负责对接客户律师,承办落地解决方案)
  - 辅助律师(负责协助客户律师,做好解决方案落地工作)

- 第五部分(报价方案)

报价方案建议采用"价值报价+综合报价"的方式:

  - 价值报价

将解决方案部署带来的收益 未部署解决方案的损失做对比,按照能带客户减少的损失或者带来的收益作为价格锚定,也可以按照成功案例报价清单做价值报价展示:

  - 综合报价

综合报价是没有价值核算方式或者成功案例报价清单的情况下,将法律产品解决方案拆分为"基础服务+增值服务",基础服务即法律产品中的通用模块,因为成本可控,采用打包报价:对于客户定制要求采用方案选择报价,由客户勾选确定最终报价

  ◆ 基础服务打包报价
  ◆ 增值方案选择报价

图4-4 《法律产品手册设计稿》截图

在这里，还有一个小问题需要注意，就是法律产品的名称设计。我们之前在给一家规模律所做法律产品大赛辅导，发现律师普遍不擅长给法律产品起名字（命名），但实际上这是设计法律产品非常重要的一个环节。

一款好的法律产品是面向客户的，产品命名尤为重要，需要让客户看到后就能知道这款产品能提供什么价值，进而产生购买的想法，这才是一个好的法律产品命名。

以比赛中遇到的"执行异议和复议案件法律服务产品"为例，一是这款产品在命名上用了专业词汇，我们很难奢望一个非法律背景的客户搞明白什么叫作执行异议和复议。二是执行异议和复议仅仅是执行案件处理的特殊流程，并不代表产品的价值。如果这款产品是针对转移执行财产的案件，通过执行异议和复议予以救济，不妨考虑"执行财产转移法律救济产品"，凸显这款产品能给客户带来的价值。三是法律产品的命名越口语化、越通俗越好，这里提供一个法律产品命名的框架，供大家参考：

第一步是"用最直白的话把你认为的法律产品的价值说出来"，这是对法律产品价值的梳理。

第二步是"这个价值点对目标客户有什么好处"，这是以客户视角筛选价值，相当于将上面的价值区分为律师认为的价值和客户认为的价值，只有客户认为的价值才是真的产品价值。

第三步是"给目标客户选择这款法律产品一个充分的理由"，相当于在命名基础上对产品封面页口号（slogan）的设计，是对产品价值进一步的具体展示。

第四步是"如何表述才能让目标客户记住你的产品",是对上面三步的内容做文案上的优化,用口语化、通俗化的表述让客户更容易记住。

第二节　法律产品体系

法律产品设计还需要注意"单体法律产品和法律产品体系"的区别。

单体法律产品设计,正如我们前面所说"以客户问题"为导向做法律产品设计,解决的是目标客户特定的问题。但单体法律产品对于目标客户来说还不够,从目前客户的倾向来看,客户更希望律师能提供"一站式"的法律服务,这也是不少律师在设计法律产品的时候倾向于设计"大而全"的法律产品,提出诸如"陪跑计划""全程法律服务"等理念的原因。

正如之前我们提到的大而全的法律产品,不需要在"一款产品"中展现,更好的解决方式是做"法律产品体系设计"。

我们会建议律师团队按照行业或者产业做品牌定位,在这个品牌定位之下,对行业或者产业的上下游做拆解,拆解之后用上面的需求发掘、单体产品设计的方式,形成一系列单体法律产品,而后按照"引流产品—利润产品—增值产品"的体系做梳理,形成针对行业或者产业的"一站式法律产品体系"(见表4-2)。

表4-2 行业法律产品体系规划表

第一层级：引流产品									
（发掘客户实际业务中遇到的小问题，并建议与第三方机构合作，形成整体解决方案）									
客户需求	需求描述	目标客户	客户现有解决方案	商业画布	匹配产品	匹配课程	匹配手册	匹配文本	备注
第二层级：利润产品									
（在第一层次产品的基础上建立起客户信任关系，进一步设计常法、专项等利润产品，实现客户的创收转化）									
客户需求	需求描述	目标客户	客户现有解决方案	商业画布	匹配产品	匹配课程	匹配手册	匹配文本	备注
第三层级：增值产品									
（在与客户建立长期合作关系的基础上，进一步挖掘客户需求、陪跑客户成长，并形成专项或者诉讼等增值法律服务）									
客户需求	需求描述	目标客户	客户现有解决方案	商业画布	匹配产品	匹配课程	匹配手册	匹配文本	备注

想要达到这个层次，不是一朝一夕就能完成，而是需要不断地重复上面的过程。在品牌框架的指导下，围绕目标客户群，不断发掘他们的需求，然后做法律产品设计，等某个行业或者产业的法律产品积淀到一定程度，再按照上面的体系做梳理，形成面向行业或者产业可以落地的法律产品体系。

第三节　法律产品分类

如果说这两年我们做法律产品最大的收获是什么？我个人觉得莫过于法律产品三种类型的提出：零交付法律产品＋重交付法律产品＋轻交付法律产品。

律师以往做法律产品更多偏重做重交付的法律产品，这也容易理解。现阶段律师做法律产品还停留在"法律服务产品化"的阶段，做出的法律产品更多是给原来的法律服务加上一层"产品外衣"，让以前难以感知、没法描述的法律服务更具体、更形象，更容易为客户感知。

这点没什么错！但在做产品方面还不够，因为法律服务产品化是帮助律师更好地做服务而不是做产品，仍然没有摆脱做法律服务的逻辑。想要真正地做法律产品，并通过产品实现创收变现，就需要突破原来重交付的法律产品，在零交付、轻交付上多下点功夫，并以此为分类建立起针对利基市场、目标客户的法律产品体系。

一、零交付法律产品

零交付产品容易理解，按照搜录库的说法就是，"完全不用律师做后端交付的解决方案类产品"，以合同文本、专题手册、系列课程为主，更适合用来开发律师业务的前置市场，并作为后面轻交付、重交付法律产品做的"引流产品"。

以北京一家交通事故律所的产品为例。

这家律所之前的业务主要集中在交通事故诉讼领域，已经是国内知名度极高的交通事故诉讼专业律所。我们和律所接触之后，确定了双方合作开发"交通事故诉讼前"市场的目标，即向没有进入诉讼流程的客户，以法律产品的方式提供解决方案，让客户更好地处理交通事故。

这个市场方向主要基于律所方面提供的数据分析：北京交通委近几年公布的交通事故数量大概在 300 万件，而进入诉讼环节的案件不到 30 万件，中间相差了 10 倍。

大多数律师的关注点会放在 30 万件的交通诉讼案件中，这也是交通事故的常规业务。瞄准这个市场，设计出来的法律产品就是围绕交通事故诉讼而做，但对"诉讼前"的巨大市场没有涉及，主要原因在于诉讼前的市场虽然规模比较大，但收不上费用，收不上费用并不代表这个市场不需要法律，比如，交通事故发生后的定损、赔偿、处理流程等都需要法律的介入。这个时候以诉讼为主，重交付的法律产品因为成本的问题很难介入这个市场，反而研发零交付或者轻交付的法律产品可以帮助律所打开道路交通安全诉讼前市场。

基于这个思路，我们形成了道路交通安全板块的法律产品设计，从客户场景任务出发，以"交通事故客户需要律师介入的程度"作为分界线，分为"诉讼前端市场＋诉讼辅导市场＋道路交通安全诉讼市场"，并引入"零交付＋轻交付＋重交付"的产品分类，形成一系列帮助客户完成场景任务的法律产品（见图 4-5）。

道路交通安全板块法律产品体系

1. 和交警队打交道
- 现场处理
- 事故检测
- 责任划分
- 责任复核

2. 和医院打交道
- 医疗费垫付
- 伤者护理
- 误工费核算
- 伤残鉴定
- 后续治疗
- 营养康复

3. 和车主、保险公司打交道
- 伤残鉴定
- 费用核算
- 协商处理

4. 和法院打交道
- 起诉状
- 证据清单
- 赔偿清单
- 证据资料

《交通事故零费用解决方案》

客户自主处理交通事故（以零交付+轻交付产品为主）
客户发生交通事故，但事故比较轻微，无须进入诉讼程序处理，客户可以自行解决。

客户需要律师委托代理（以重交付+轻交付产品为主）
客户发生交通事故，涉及责任分配或者赔偿等事宜未能处理，需要委托律师通过诉讼方式解决。

产品设计思路
道路交通安全板块的法律产品设计，从客户场景任务出发，以"交通事故介入的程度"作为分界线，分为"诉讼前端市场+诉讼辅导市场+诉讼市场"，并引入"零交付+轻交付+重交付"的产品分类，形成一系列帮助客户完成场景任务的法律产品。

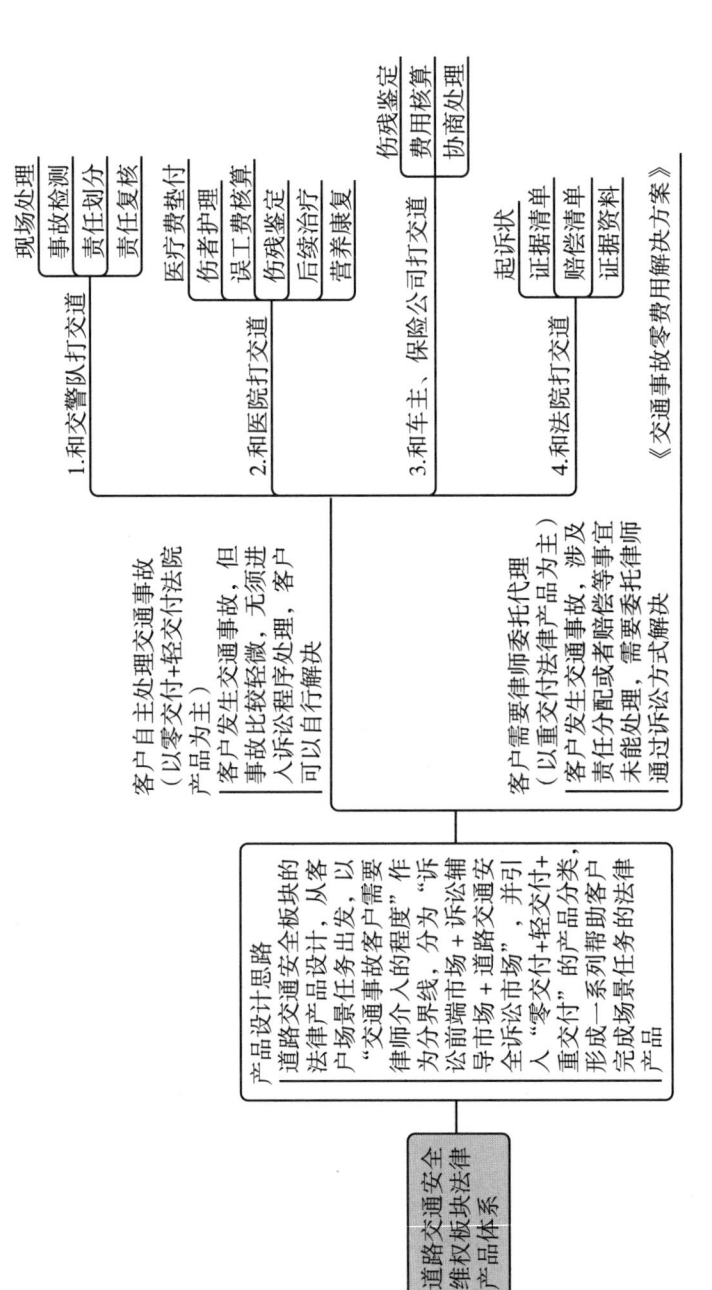

图 4-5 道路交通安全板块法律产品设计

相较于重交付、轻交付法律产品，零交付法律产品最大的特征就在于即买即用，不用律师再去做后端的交付，甚至连咨询也不用，客户拿到零交付的法律产品之后就能自行使用，只有做到这一步，才算是零交付法律产品。

想要达到这个效果，必须解决"去专业化"的问题，让零交付的产品真正能让非法律客户看得懂、用得上。我们在和律所合作的过程中是用"封装流程"解决这个问题的。

比如，"交通事故和解协议"这款产品，为了实现这款产品能够让非法律客户看得懂、用得上，在协议设计环节我们就安排必须对协议形成"使用场景＋填写说明＋协议模板＋条款解读"四个板块的设计，而不是仅仅交付给客户一份协议模板。

除了协议本身的设计，还需要对设计好的协议做相应的封装工作，包括"视频封装＋平面封装＋文章封装"三个板块，相当于给零交付法律产品加上了一个"使用说明"的外包装。而这些工作的目标就是上面提到的，让零交付的法律产品可以为非法律客户看得懂、用得上，只有达到这个效果，才能进入销售环节。

封装工作完成之后，对于零交付法律产品的销售，我们选择的渠道是以线上渠道为主，这一方面是基于零交付法律产品可以实现线上完全交付的特征，不涉及后端律师交付，只需要交付给客户资料或者课程账号，适合借助线上做大规模推广，这是我们选择线上渠道的主要原因。

另一方面是基于"大规模推广（走量）"的原因，零交付法律产品的定价普遍不高，多以100元以下的定价为主，也是和走量产品匹配的一种定价策略。而线上渠道再进一步细化，我们形成了零交付法律产品的"推广四板斧"——法律产品导购推广+法律产品裂变营销+法律产品渠道分销+分销渠道二次推广。

第一板斧是法律产品导购推广，主要借助已有的人脉资源做私域渠道运营，通过公众号、视频号、小红书等自有渠道对外发布产品导购内容，引导熟人客户以及粉丝客户下单采购法律产品。

第二板斧是法律产品裂变营销，也是建立在熟人客户和粉丝客户的基础上，引入裂变海报和分成模式，刺激熟人和粉丝一起做法律产品的传播，借助他们的"社交关系"进一步扩大法律产品的覆盖范围。

第三板斧是法律产品渠道分销，这时就进入合作渠道的开发，找到和法律产品匹配的第三方渠道，借助第三方渠道的客户和触达方式，进一步放大法律产品的推广范围。

第四板斧是分销渠道二次推广，也是合作渠道的开发，不过这个时候的合作渠道已经上升到"分销"的层面，相当于为法律产品的销售建立起分销体系，将第三方合作渠道变成搜录库的"分销商"，一起推广销售法律产品，并共享法律产品创收。

通过推广四板斧逐步将零交付法律产品实现创收变现，因为零交付法律产品的研发方是我们合作的律师团队，后续的收益是和律师团队分成，相当于律师团队借助搜录库有了一份"睡后收入"，这也是我们一直宣传的用法律产品驱动律师创收的落地措施（见图4-6）。

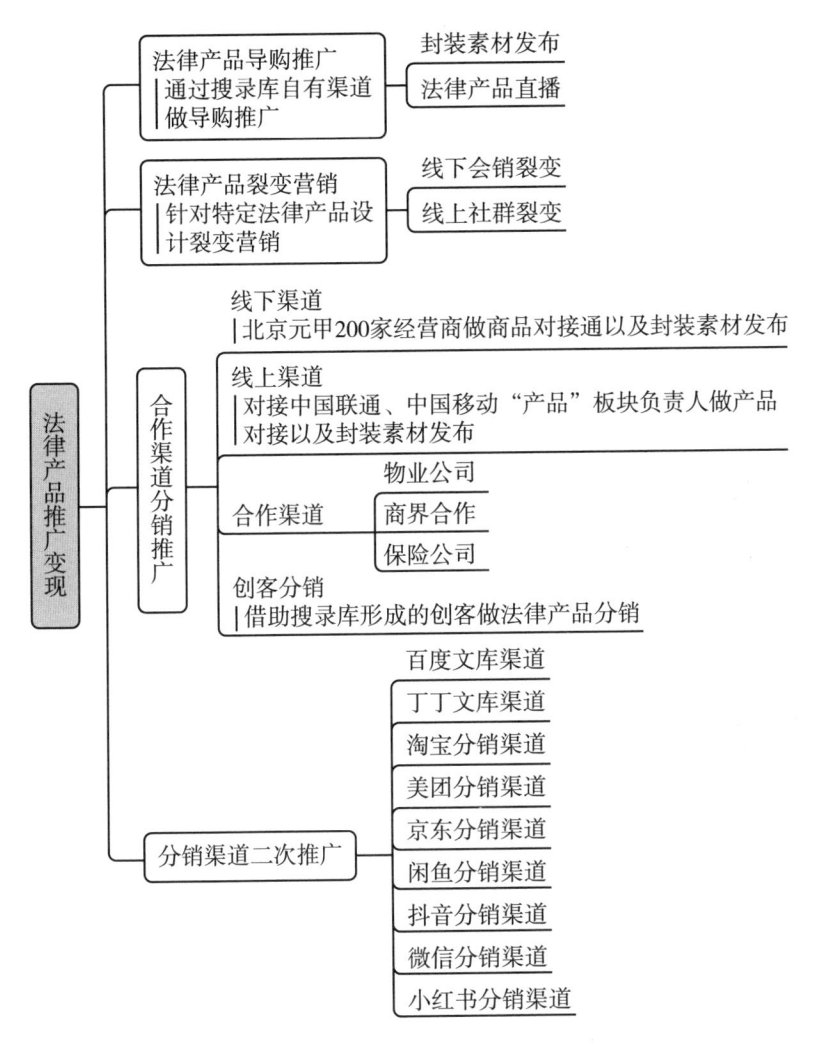

```
                          ┌── 封装素材发布
         ┌─ 法律产品导购推广 ─┤
         │  通过搜录库自有渠道 └── 法律产品直播
         │  做导购推广
         │
         │                  ┌── 线下会销裂变
         ├─ 法律产品裂变营销 ─┤
         │  针对特定法律产品设 └── 线上社群裂变
         │  计裂变营销
         │
         │              ┌─ 线下渠道
         │              │  北京元甲200家经营商做商品对接通以及封装素材发布
         │              │
法        │              ├─ 线上渠道
律        │  合作渠道     │  对接中国联通、中国移动"产品"板块负责人做产品
产 ───────┤  分销推广 ────┤  对接以及封装素材发布
品        │              │              ┌── 物业公司
推        │              ├─ 合作渠道 ────┼── 商界合作
广        │              │              └── 保险公司
变        │              │
现        │              └─ 创客分销
         │                 借助搜录库形成的创客做法律产品分销
         │
         │                     ┌── 百度文库渠道
         │                     ├── 丁丁文库渠道
         │                     ├── 淘宝分销渠道
         │                     ├── 美团分销渠道
         └─ 分销渠道二次推广 ───┼── 京东分销渠道
                               ├── 闲鱼分销渠道
                               ├── 抖音分销渠道
                               ├── 微信分销渠道
                               └── 小红书分销渠道
```

图4-6 法律产品推广变现

二、重交付法律产品

正如上面提到的，重交付法律产品实际上是"法律服务产品化"，是对之前已经做好的法律服务（专项或者诉讼）通过提炼通

用模块，形成"可复用的解决方案"，这是重交付法律产品的特征所在。

和零交付法律产品不同，重交付法律产品需要分为前端和后端。前端和零交付法律产品差别不大，需要做相应的封装工作，让目标客户可以感知到产品的价值，促成更多的客户下单采购。

后端是客户下单采购之后，需要进一步为客户部署落地法律产品，工作流程和传统的法律服务差别不大，只是引入了更多通用模块，降低了传统法律服务交付的人员和时间投入，让交付的成本可以控制下来。

重交付法律产品的创收变现，总结成一句话就是，"将同一款法律产品卖给同类型的多个客户"，结合客户的情况做一些优化调整，为客户部署落地法律产品，实现创收回报。围绕这一逻辑，我们总结出一个公式：

$$法律产品创收 = 触达人次 \times 跟进率 \times 成案率$$

这个公式其实也是一个"销售漏斗"，先将法律产品做投放，让目标客户了解、认知这款产品。而后选择条件合适的目标客户跟进，通过一系列的跟进工作获得谈案机会，再借助谈案实现签单，签单之后为客户部署法律产品。

具体操作中，首先做的工作是"目标客户画像"的梳理，这是在品牌定位环节已经在做的工作，到市场推广这个环节需要进一步延伸，在客户画像的基础上梳理"目标客户名册"，就是把我们所能触及的区域内的目标客户梳理出来，作为法律产品市场推广的决策依据。

其次，是做法律产品价值提炼，换句话就是梳理法律产品"卖点"，并在卖点梳理的基础上形成"法律产品宣讲课程"，以此作为我们向客户推荐法律产品的"道具"。

这一步实际上在法律产品设计环节也会涉及，重点在于"发掘律师和客户的匹配关系"，既要了解客户的需求点、选择倾向是什么；也需要熟悉自身，知道我们和其他律师之间的差异是什么，扬长避短，发挥我们的优势，并通过"好的文案"表现出来。

比如我们辅导常法团队设计的"企业工伤事故优化赔付"产品，最终提炼出来的卖点用一句话概括就是"实现企业工伤优化赔付"。

我们和客户具体沟通法律产品的时候不能做得很直接，一般是将法律产品卖点"包装"在法律课程中，换句话就是在法律课程中"植入"法律产品，以培训的方式对接客户。

一方面，可以降低客户的抵触情绪，通过课程告诉客户我们是来帮你解决问题而不是卖产品的。另一方面，也通过课程让客户对法律产品有更清晰的认知，更易于接受、购买法律产品。

还是以"企业工伤事故优化赔付"这款产品为例，在推广这款产时，我们是通过"讲课"的方式完成，提前设计了和法律产品相配套的课程"6个阶段，做好企业工伤事故处理"。

在课程中就将法律产品植入其中，然后不断对接渠道、对接客户，向客户安排课程分享，课程结束之后再进一步跟进客户，最终实现这款法律产品的签单成交，让法律产品真正带来案源创收。

因为是重交付法律产品，后端需要律师深度介入，我们一般选择线下作为主要的推广渠道，线下渠道又以自办活动、定向邀约和第三方商会、协会以及人力资源公司、劳务派遣公司作为主要合作渠道。推广的主要方式也是课程分享。

在这个过程中，重交付法律产品就成为案源开发的载体，以往的案源开发更多注重的是建立客户和律师之间的信任关系，还是一种"人与人"之间的关系，也就是我们俗称的"卖人模式"。而重交付法律产品模式下，建立的是客户对法律产品的认可关系，让客户意识到法律产品能解决自己的问题，也愿意为法律产品付费，并以法律产品为载体由业务律师具体参与部署落地，解决客户问题。

三、轻交付法律产品

这是介于零交付和重交付法律产品之间的一种产品形态，相当于我们通常理解的"处方药"，一方面需要药品（零交付法律产品），另一方面还需要医生的处方（法律服务），两者结合形成轻交付法律产品（见图4-7）。

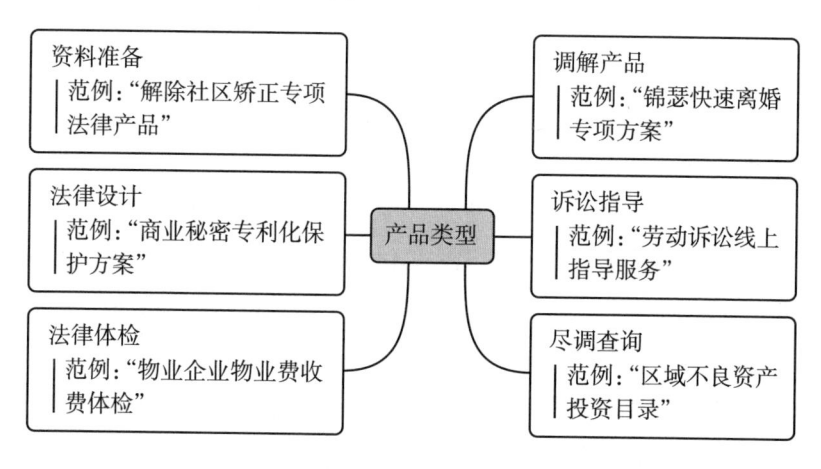

```
资料准备
  范例:"解除社区矫正专项法律产品"

法律设计
  范例:"商业秘密专利化保护方案"

法律体检
  范例:"物业企业物业费收费体检"
                                  → 产品类型 ←
调解产品
  范例:"锦瑟快速离婚专项方案"

诉讼指导
  范例:"劳动诉讼线上指导服务"

尽调查询
  范例:"区域不良资产投资目录"
```

图4-7 产品类型

这类包括资料准备，比如我们正在推进的"解除社区矫正专项法律产品"，实际上就是为社区矫正人员解除社区矫正做资料准备，需要律师结合矫正人员的情况做资料准备，需要律师介入做交付，但不需要律师投入太多的时间，属于轻度法律服务。

调解类产品，如"快速离婚专项方案"，是以调解的方式帮助客户快速离婚，也是需要律师做轻度介入的法律产品。还包括法律产品类产品、诉讼指导类产品、法律体检类产品和尽调查询类产品，都是轻交付法律产品的典型。

这里最典型的是诉讼指导类产品。我之前做劳动法律师时就尝试过类似的产品。主要在于劳动诉讼发生后，我们一般作为单位代理人参与诉讼，但因为国内劳动法律的特殊性，单位败诉的可能性也是比较高的。对于一些诉讼结果比较明确、没有多少争议的案件，我们一般都建议不用再白花律师费了，而是由企业 HR 出庭处理，我们在后面对 HR 做诉讼辅导，尤其是劳动仲裁环节，一般都是建议 HR 在律师指导下"自行处理"。

这款产品往后再走一步，就是劳动诉讼这款重交付法律产品，往前走一步，就是劳动诉讼课程或者文本类零交付法律产品，所以我们才说轻交付法律产品是介于重交付和零交付之间的产品类型。

轻交付法律产品的营销因为后端律师介入的程度比较低，也可以通过大规模推广（走量）的模式实现创收变现，营销路径和零交付法律产品相同，只不过在交付环节还需要加上律师轻度交付的环节设置，这里可以参考零交付法律产品的营销路径。

第四节 法律产品封装

法律产品封装是我们上线法律产品的一个重要环节，这个环节的价值在于和律师团队一起挖掘法律产品的"价值点"。

一款法律产品有没有价值，往往不是律师决定的，而是取决于客户感知，是客户在使用产品时主观判断产品能否解决自己的特定问题。

以合规类产品为例，合规类产品瞄准的是企业客户的风险防控，但风险防控这件事的客户感知度是非常低的，除非即将发生或者已经发生风险造成损失，否则客户会认为风险防控这件事价值不高，即便我们风险防控设计得再好，也很难打动客户。

这也是多数常法类产品的问题所在，目前多数常法类产品都属于风险合规类产品，所以我们看到客户在这类产品上的"采购动力"很低，以至于律师行业一直在说80%以上的企业没有常法律师，不是因为客户的问题，而是我们常法产品设计的问题。

法律产品封装环节的主要工作就是找到法律产品的价值点，而且是容易被客户感知到的价值点。

以婚姻家庭类产品为例，之前多数婚姻家庭类产品在设计的过程中更关注婚姻家庭的稳定、安全或者从婚姻家庭诉讼结果来展示产品价值。但是，我们在辅导婚姻家庭团队设计婚姻家庭产品的过程中发现，"帮助当事人尤其是女性当事人在婚姻危机中占据优势地位"，这个优势地位可能需要谈判调解、可能需要司法诉讼，也可能需要心理疏导，还需要家庭财产设计，更需要博弈技巧，这才是客户容易感知的产品价值所在。

每个领域客户价值感知点不同，需要结合具体的情况去做设计，一般可以从两个方面入手挖掘法律产品价值：

一是考虑产品的外部环境，或者最简单的方式就是通过"算账"来挖掘产品价值。参考互联网行业俞军的《产品方法论》对产品价值的描述"产品价值 =（新体验 - 旧体验）- 迁移成本"。

我们在挖掘产品价值的过程中，也喜欢通过算账的方式来表述，简单地说，在部署法律产品之前客户是什么情况，在部署法律产品之后客户是什么情况，两相比较，再考量部署法律产品的成本，就能核算出具体的价值。

以企业端较多的场景应收账款为例，应收账款这款产品的核心价值不在于能帮助企业收回多少账款，而在于通过"事前预防 + 事中审核+事后追款"的方式降低企业应收账款的坏账率,产品的价值也是通过部署前后的坏账率变化核算的。这样的操作,企业客户自然很容易感知到这款产品的价值所在。

二是考虑产品覆盖的用户数量。正如上面提到的法律产品的价值取决于客户感知,是客户在使用产品时主观判断产品能否解决自己的特定问题。让一个客户感知到产品价值很容易,但客户的情况差异非常大,我们设计的法律产品能让多少客户感知到产品价值,直接决定了产品价值的大小,用一个公式概括:

产品价值 = 平均创造的客户价值 × 覆盖的客户数量

还是以应收账款类产品为例,正如上面提到的,这类产品的核心价值是降低企业应收账款坏账率,但问题在于一些企业本身的现金流非常好,属于交易中的强势一方,比如,钢材贸易中的钢铁厂,都是要求钢贸商预付钢材款。对这类企业来说,应收账款的坏账率很低,对应收账款类产品的价值感知度也就非常低,会觉得这类产品没有太大的作用(价值)。

其他类型的企业,比如以赊销贸易作为核心的钢贸商,应收账款(钢贸货款)可以说是其企业存在的核心,自然对这款法律产品的价值就比较看重。这些客户的数量直接决定了应收账款产品价值的大小。

这就是法律产品价值的两大考量因素,我们在协助律师团队挖掘产品价值的时候,一般也会从这两大因素出发,挖掘出法律产品的核心价值。

第五章 市场评测

正如前文所述，法律产品的目标是创收，法律产品设计出来是要"卖给"客户，实现创收变现的。但法律产品设计出来，客户会不会认可、愿不愿意花钱购买，这是需要验证的事情。

互联网行业做产品，一般都会经过一个"市场验证"的过程，即看看客户对产品的认可度，而客户"签单付款"才是对产品的真爱。

所以，在市场验证阶段，我们需要解决的就是法律产品的客户（市场）认可度判定，这是下一步做法律产品大规模推广的前提。

在这个环节，我们结合不同的产品类型，梳理出三种常用的市场验证方式：成功项目验证、内容运营验证、"法律+"验证（见表5-1）。

表5-1 法律产品市场验证

验证方式	具体要求
成功项目验证	客户签单付费的成功项目是最好的验证
内容运营验证	精准产品开发，用内容运营验证客户需求
"法律+"验证	让别人花钱帮你验证客户需求

第一节　成功项目评测

成功项目评测，就是我们对法律产品做出的定义："法律产品是可复制的成功项目！"这是从原有的法律服务中衍生出来的。而法律服务已经有客户花钱做了验证，现在需要验证的是"其他同类型的客户，面对同样的问题是否也愿意花钱购买法律产品？"

基于这点，我们会做一个工作，就是"老带新"的客户推荐。给第一波客户做完之后，深度对接客户，借助客户推荐同类型的客户，然后上门拜访，向客户介绍法律产品，而后听取客户的反馈，进一步优化法律产品，逐步打磨出能为同类型客户认可的法律产品。

这种评测方法我们内部称为"种子用户"的打法。

一款法律产品出来之后，虽然我们设定的目标客户的范围很广，比如我们之前提到过的"企业工伤事故优化赔付"产品，设定的目标客户几乎是所有用工的企业，但问题是并非所有的用工企业都会愿意为这款产品签单付费。

只有对工伤事故赔付感知度最高的企业才会在第一时间有购买意愿。这第一批客户就是我们认为的"种子用户"，如果上面的产品能实现企业工伤优化赔付，即便是产品还比较粗糙，它们也会接受。

下一步就需要找出第一批的"种子用户"到底是谁？我们在实战操作中是从裁判文书网做搜集，将区域内 1~3 年内发生过工伤纠纷案件并且败诉的用工企业作为第一批"种子用户"。

这批"种子用户"核心在于，对工伤法律产品的价值感知度最高，之前因为工伤发生过损失，才会对工伤事故优化赔付有足够的兴趣，并有足够的意愿签单付费，法律产品推广变现，付费客户更多是从这一批次的客户中产生的。

"种子用户"另一层次的意义在于，和律师一起优化法律产品。正如我们一直强调的，法律产品的优化迭代贯穿始终，刚开始做出的法律产品更多是律师自己想出来的产品，并未经过客户的实战打磨，需要在进一步实战打磨中优化迭代法律产品。但问题在于哪些客户愿意和律师一起实战打磨法律产品？

这有点像小米手机描述的场景，小米刚开始做研发的时候切入的是手机的操作系统，吸引了100个梦想合伙人一起和小米研发人员打磨操作系统，这100个梦想合伙人就是小米的"种子用户"，也可以说是小米成功的起点。

律师想要真正打磨出一款"好卖"的法律产品，在研发过程中实际上就可以引入"种子用户"，让"种子用户"参与进来，这样做出的法律产品才是客户真正需要的法律产品。

第二节 内容验证评测

第二种评测方式是内容验证，这个主要是针对客户需求挖掘之后的新法律产品。由成功项目孵化的法律产品同样可以适用，简单地说就是制作法律产品的介绍物料，如文章、海报、视频、手册，然后投放给目标客户，检验目标客户对产品的反馈，根据反馈再优化迭代，直到客户愿意花钱购买。

以我们做过的"企业工伤事故优化赔付"产品为例，这款产品做出来后，我们做了一个最简单的市场验证，就是将"企业工伤事故优化赔付"产品手册导出为图片，并配上相应的介绍文字发朋友圈。

这款产品的直接目标受众是企业 HR 或者行政负责人，我微信好友中这类人群是非常多的，这样通过一个朋友圈消息就能触达这些目标客户。发出后的当晚，就有四五家建筑劳务公司向我咨询这款产品的具体情况。

实际上，就是通过一个简单的朋友圈消息直接验证了客户对"企业工伤事故优化赔付"产品的认可度。

这点在短视频时代做产品会有更广泛的应用，我们完全可以先做产品设想，然后将产品设想做成短视频，而后再通过短视频的发布判断产品的市场需求度。之前国外有一家公司就是在没有产品的情况下，先做产品短视频，验证清楚市场需求之后再投入人力、资金做产品研发。这也是一种通过内容验证评测法律产品的方法。

第三节　"法律+"验证

再进一步就是"法律+"验证。这里的"法律+"也是我们设计法律产品的一个实战经验。当前律师做法律产品往往会面临一个障碍，就是落地的障碍。

还是以"房建企业印章安全管护方案"这款产品为例。我们在梳理房建企业的业务流程的时候发现，房建企业多采用项目部的运作方式，而项目部是房建企业印章使用的主要主体，特别容易发生项目部违规用章、私刻印章的情形，基于这个需求点的挖掘，我们就想设计一款房建企业印章安全相关的产品。

对于这款产品的设计，一般的律师能想到的解决方案就是"房建企业印章制度梳理、印章流程审查、印章管理责任划分以及给房建企业做印章安全和风险防控培训"。

问题在于这些"单纯的法律措施"并不能真正落地,即便是我们培训做得再好、印章管理制度设计得再好,始终没有办法避免房建企业实务中印章发生问题,比如空白合同、私刻印章、违规盖章等,单纯的法律措施会让客户觉得我们的"法律产品"没什么作用。

基于落地的考虑,我们进一步整合资源,将一家专门做智能印章系统的公司邀请进来,我们负责法律板块的梳理,印章公司负责技术层面的设计,双方共同帮助企业做印章管护方案的落地部署,最终研发出"房建企业印章安全管护方案",用"法律+科技"的方式解决房建企业印章安全问题。

在法律产品设计的过程中,我们了解到印章公司其实早就发现了客户的这个需求,并且前期已经投入了上千万元的费用研发产品和开发市场,相当于印章公司已经"花钱"帮我们验证了这个市场,并且还教育了客户,我们的法律产品是在印章公司系统的基础上优化出来的,相当于一款"法律+"的产品。

这样的产品是可以跳过"市场验证"环节,直接推向客户的。

验证环节包含了一个理念,就是法律产品的精益化打法。做法律产品最大的浪费是产品做出来了,客户不买单,这点我们之前在做律师团队产品辅导的时候也遇到过。

比如,之前西安一个律师团队在疫情期间花了不少工夫打磨出一款"供应链金融"法律产品,这款产品并不是在市场验证的基础上做出来的,也不是从成功项目中提炼出来的,更多的是律师团队"集体讨论"出来的一款产品,虽然产品的外观做得很高大上,但拿着对接客户的时候,客户不感兴趣,导致这款产品缺乏推广变现的可能,这是做法律产品最大的浪费。

也是这个原因,我们引入了互联网公司常用的"精益化产品"的打法,在法律产品推广之前先做市场验证,找到合适的客户,和客户一起打磨优化法律产品,直到客户觉得这款法律产品值得付费,再去做大规模的市场推广。

当然,除去法律产品价值本身,我们还得考虑更实际的影响因素,就是客户预期和客户预算,最好能研发出可以"吃预算的法律产品"。

实战中我们发现,"客户是否愿意为你的法律产品付费"取决于两个因素:

一是法律产品本身的价值,从我们接触的大多数法律产品来看,大家在设计法律产品时就有问题,要么就是设计出一款根本不是用来卖的品宣产品,仅仅用"产品"证明自己(团队)的专业度或者告诉客户自己能做某方面的业务,让客户遇到这类业务的时候一定过来找自己。这类法律产品就是我们常说的"给原有的法律服务加了一个产品外包装",换汤不换药,对客户其实没什么太大的价值,自然客户不会愿意为这样的法律产品付费,即便有再强的营销能力也很难实现创收变现。

二是客户的预期和预算,法律产品的定价我们一般都建议做"价值定价",换句话说就是"给客户算账",通过法律产品能给客户赚钱或者省钱,然后从赚的钱或者省的钱中按照比例扣除律师费用,这种报价方式客户的接受度会高一些。

但从目前来看,很少有法律产品能做到给客户算账,绝大多数的法律产品瞄准的是"风险防控",从防控客户风险的维度出发设计法律产品,而风险防控本身对客户来说意味着"成本支出",不但不会赚钱或者省钱,反而是在花钱,从客户的投入产出比的角度考虑，采购这样的法律产品真不划算，有的时候还不如侥幸一些，总觉得律师喜欢把风险说得特别重，实际上真不算什么。

而"吃预算的法律产品"研发，在起步之初就瞄上了客户的预算。举个简单例子，我们在辅导广西一家律所研发政府端法律产品的时候，先研究政府各个职能部门上年度的预决算报告。在此基础上看看从哪个维度切入，可以做有大额预算的产品项目，这样一方面确保客户有足够的购买能力，另一方面也是通过预决算的分析看客户愿意把钱花在哪里，以此形成对客户真实需求的把握。

产品经过了市场验证，才是一款成熟的法律产品，也才具备创收变现的基础，不过遗憾的是，当下不少法律产品更多还是律师自己臆造出来的，很难符合客户的实际需求，更谈不上做市场验证的工作。

第六章 定价策略

第一节 战略定价

法律产品验证出来之后,第一个要面临的问题是定价问题,毕竟卖多少钱才是大家最关心的,这也是和律师创收直接相关的问题。

首先要做下说明,我们一定要区分清楚报价和定价。现在律师行业使用的是报价而不是定价,简单地说就是"看人下菜,因案报价",对不同的人、不同的案件有不同的收费标准。所以,客户也不知道该收多少钱,一般是让律师自己报个价格,客户根据自己的接受程度以及同行的对比做出选择。

这其实是典型的服务收费方式。而产品更倾向于"定价",不会因人而异,是统一、标准的定价方式。

比如下面提到的北京律所的物业费催收系统,市场定价就是5000元/年,不会因为物业企业的大小而改变定价。这是报价和定价的本质区别,也是法律服务和法律产品的区别所在。在这个认知基础上,我们再来看法律产品的定价策略。

法律服务报价是一种艺术,法律产品定价是一种技术。

关于产品定价策略,分为两个板块,一个叫作战略定价,是结合产品本身设计的定价方式,也包括产品盈利模式的设计;另一个叫作营销定价，是为了配合营销手段设计的定价技巧，目的在于促成更多的法律产品创收。

战略定价这块具体说一下，这也是我们与一家物业律师团队合作物业费催收产品所用的定价方式。之前北京一家律所开发了一套物业费催收系统，也是借助这套系统开始做物业企业的物业费催收专项，陆续服务了几十家物业企业，而且催收系统介入后效果很明显，物业费的催收不论是数额还是效能都有了大幅的提升。实际上，我们看到这家律所在产品方面做得非常到位，尤其是之前服务的物业企业梳理出来的数据和客户反馈，明显地看到这款产品的价值，产品端没有多少优化的空间，我们更多是从定价方面入手做优化。

之前物业费催收系统是按照固定报价（5000 元/套）的标准销售给物业企业，用以提升物业企业自身的催收效能。如果物业企业不希望单纯购买系统，而是希望将物业费催收外包给物业团队，则会按物业费的标的、涉及人数以及催收难度做出单独的定价。

我们介入之后提出的定价优化方案有两个：

一是引入"对赌协议"，简单地说，物业费催收专项可以通过前期项目的数据积淀，梳理出物业费催收效率提升的量化指标。

比如，物业公司自行催收可以实现年催收数额为 400 万元，物业团队外包之后可以做到 500 万元，实现物业费催收效能提升 25%。我们就以 25% 作为测算标准，与物业公司签订对赌协议，双方约定"物业费催收实现 25% 的年度增长，未能达到指标的退还客户所有的费用"，以此形成客户更容易接受的物业费催收外包方案。

二是优化产品模式，与物业团队共同研发"物业费不良资产处置产品"，将物业企业历年沉淀的物业费以"不良资产包"的方式直接买断，买断之后作为债权人再安排自己的催收团队做催收，这样不仅解决了物业企业历年物业费坏账、呆账的问题，还进一步增加了物业费催收业务的利润空间，将原有的物业费催收业务转变为不良资产业务。

这两点就是在战略层面做出的定价策略。不是瞄准促成某个业务成交的报价技巧，也不是在具体的定价数额上做文章，而是将定价策略与客户心理、产品营销、盈利模式相结合，形成更有利于产品推广变现的定价策略。

战略定价的另一个表现，是体系化法律产品定价，这是通过体系法律产品的"阶梯定价"促成客户从陌生客户转化为付费客户的策略，就需要引入我们经常提到的"引流产品 + 利润产品 + 增值产品"的产品分类。

举一个实战案例，之前我们开发钢贸市场案源就形成了三款体系法律产品：以"钢贸 365 全年会员服务"作为引流产品，这款产品的定价仅为 1000 元/年。对于钢贸商群体来说，1000 元根本就不算什么，我们采用会销方式推广产品，一般安排会销之后现场签约。主要在于 1000 元的定价足够"低"，很容易获取大量的钢贸商签约成为我们的会员。

接下来，再进一步通过会员服务中的"免费律师函催款 + 钢贸货款核算 + 钢贸合同设计 + 钢贸法律咨询"四个板块深度介入钢贸商的具体业务中，这样一旦发生钢贸诉讼需要找律师，我们就能保障钢贸商第一时间会找我们，形成第二款利润产品——"钢贸诉讼服务"的创收变现。

再进一步，从钢贸诉讼中细分出"钢贸诉讼融资"产品作为增值产品，这个产品是和一家诉讼融资公司联合开发的，是将诉讼融资引入钢贸诉讼中，就类似于我们将钢贸商的"诉讼买断"，并在诉讼的执行回款中实现创收。

钢贸会员产品引流，钢贸诉讼产品做利润，钢贸融资产品做增值，三款产品形成了"阶梯定价"，也进一步实现了依托法律产品的钢贸案源开发体系。

这种定价策略再进一步，我们就可以引入之前提到的"零交付＋轻交付＋重交付"的法律产品体系设计。

还是以物业体系法律产品为例：物业企业催收系统，这是一款典型的零交付法律产品，物业企业可以单独采购，价格也不高，后续也无须律师参与做交付，只需要在采购之后给企业做系统培训就行。

轻交付法律产品是物业费催收体检＋优化报告，这是物业企业的引流产品，尤其是体检后的优化报告实际上是在评估物业费提升的空间，以便于后续选择采用何种产品方式和物业企业合作。

重交付法律产品需要律师深度参与，无论是"物业企业催收外包服务"还是"物业费不良资产处置产品"，都需要后续律师参与做部署落地，这类产品的定价策略就需要按照上面的对赌协议、不良资产盈利模式做设计。

所以，我们看到，战略定价实际上是一种法律产品商业模式的设计，而这种设计本身也是法律产品的特征，是法律产品在推广变现层面的体现。

第二节　营销定价

相对战略定价，营销定价就简单多了，目标在于促成更多的客户采购法律产品，这时定价会成为营销中的一种策略。

常用的方法有客户感知定价、利润保护定价、市场竞争定价和成本基础定价四种方式。而这四种方式也是法律产品不同阶段、不同目标需要匹配的不同定价方式（见图6-1）。

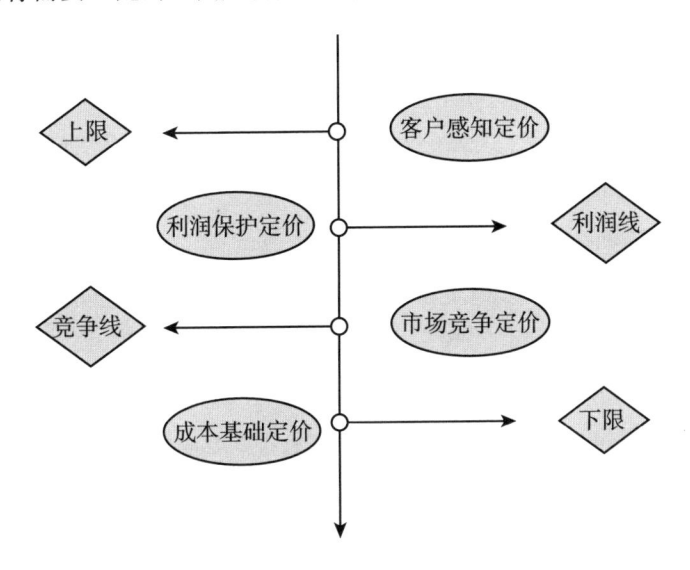

图6-1 法律产品四线定价模型

第一种是客户感知定价，这种方式不用考虑成本或者利润，是以客户觉得多少钱合适作为定价的依据。换句话说，以客户能感知到的产品价值作为定价的依据。但问题在于不同的客户对同一款产品价值感知有很大差别。

比如一份离婚协议，对于普通家庭来说不涉及财产分割、子女抚养，离婚协议有一份就行。但对于涉及公司股权等重大财产分割、子女抚养问题的家庭，离婚协议的背后可能涉及数百万元甚至数千万元的财产，对离婚协议的价值感知会有很大差别，会要求律师根据自身的情况定制离婚协议。

其实，客户感知定价更多应用在传统法律服务的报价环节，就是我们所谓的"看人下菜,因案报价",对不同的人、不同的案件有不同的收费标准。因此,对一些重度交付的法律产品,我们有时候不建议律师采用统一定价的方式,甚至不做定价设计,而是采用报价的方式,这样才能保证产品足够"值钱"。

当然,这种定价方式也有局限,相当于定价中的最上限。其实,这也容易理解,试想一下客户觉得一款法律产品不划算,即便是我们的推销技巧再强也很难让客户下单,相当于客户感知定价是我们营销定价中的上限。

第二种是利润保护定价,实战中最典型的方式就是"撇脂定价",Apple 手机采取的就是典型的"撇脂定价"的策略。

我们都知道 Apple 手机刚刚开始发售的时候是一个价格,比如,2007 年 6 月 7 日第一代手机发售价是 599 美元,而后是连续的砸价,9 月 6 日是 399 美元,2008 年 7 月 11 日是 199 美元,再到 2009 年 6 月 19 日是 99 美元,再到 2011 年 1 月 10 日是 49 美元。不过 3 年时间手机售价砸价到原来的 1/10(见图 6-2)。

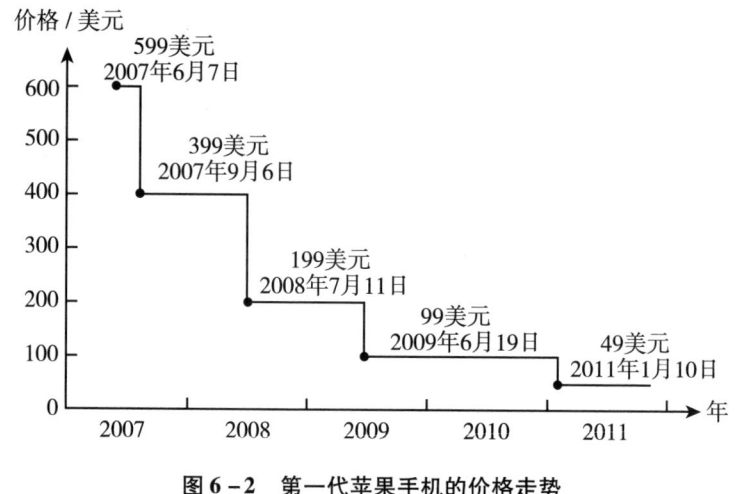

图 6-2 第一代苹果手机的价格走势

这个事情就蛮好玩了，不是说好的高端、大气、上档次吗？怎么没有涨价反而一直在降价，后来我们发现不仅是第一代的 Apple 手机，后面推出的二代、三代一直到现在的最新款也是如此的砸价策略，但问题在于这样一个砸价策略之下，iPhone 的利润仍是非常高的，这是其他手机品牌都难以企及的高度。

不仅是 Apple，其他"大厂"采用的也是这样的砸价策略，最典型的就是特斯拉。进入中国市场以后，特斯拉的砸价和 Apple 不相上下，用特斯拉官方的话说，这样做的原因是"不求所有人的理解和认可，希望让消费者拥有性价比更好的产品而不是自己的利润最大化"。

官方的说法我们暂且相信吧！但问题在于最后的结果也如同 Apple 一样，人家在砸价的同时好像利润也没太降低，反而赚的钱更多了，这就有点意思了。

不论是 Apple 还是特斯拉，这种砸价策略有一个专用的词汇，叫作"撇脂定价"。

简单地说就是，早期的时候将产品的价格定在高点，尽可能在产品发布初期，在竞争者研制出相似的产品之前，依靠高价收回投资，并且取得相当的利润。随着时间的推移，再逐步降低价格使新产品进入更大的受众市场，一方面排除竞品，另一方面依靠数量换取更大的利润空间。

这种砸价策略或者说"撇脂定价"在我们律师行业也可以玩得通。

比如，当时我们在辅导汽车团队做行业化开发时有过类似的定价策略（"963"模式，第一年 9 万元，第二年 6 万元，第三年 3 万元），不过后来因为太激进了，没有真正对外使用，现在想来这个定价策略实际上和上面 Apple、特斯拉的做法如出一辙。具体来说就是以法律服务产品为核心的"三步走"策略：

第一步是聚焦行业，做业务沉淀。在这个阶段我们结合团队的资源、能力、客户条件以及发展趋势确定了"以汽车行业法律服务作为团队品牌定位"。

定位确定后，就得考虑"汽车行业到底需要什么样的法律服务、律师到底如何更好地服务于汽车行业"。对于这个问题的解答，刚开始的时候我们都是懵的，虽然确定了汽车行业的品牌定位，但具体做什么、怎么做并没有多少成熟的打法，唯一的优势是团队手里还有几家汽车经销商是我们的常法客户，这也是汽车团队做行业化早期的切入点。

这时汽车团队也经过了几次开会，确定了一个共识，"在行业开发早期可能不会有太多的创收进来，这一阶段最重要的工作是聚焦行业、沉淀业务"。

所以，在这个阶段，更多是做一些没法收费的项目，比如做汽车经销商的客户调研、市场调研，参加汽车经销商的各类活动，对接渠道去做免费的课程分享，邀请汽车行业的从业人员喝茶、聊天。

也是在这个过程中团队逐步对汽车行业有了一定的认知，并在这个认知的基础上形成了对现有几家汽车顾问单位的服务方案。比如，在调研的基础上，团队首先向已有的顾问单位输出更加符合汽车行业的系列课程，这是我们形成的业务成果之一（见表6-1）。

表6-1　2021年度汽车律师团队课程/手册运营规划

部门	负责人	类别	课程
企业负责人	企业负责人以及部门主管	金融合规类课程	汽车企业金融业务合规实训营（课程）
		税务优化类课程	汽车行业薪税优化实训营（课程）
		家庭财富类课程	

续表

部门	负责人	类别	课程
销售和售后部门	各门店店长汽车销售员售后客户专员	企业运营类课程	汽车企业法律公关操作实训营（课程）
			汽车行业"车闹"的防范和应对（课程）
			客户信息安全
			新法解读
			汽车电销
人力和行政部门	企业人事、行政、企业负责人	企业用工类课程	社保入税后，汽车行业社保政策解析及社保合规优化（课程）
			汽车企业用工风险五线防控（课程）
			汽车企业竞业限制的"攻"与"防"（课程）

当然，后续在了解汽车行业、了解汽车客户的基础上，我们还陆续形成了一系列的业务成果，相当于通过聚焦行业，研究客户，初步完成了业务沉淀的工作。这也为汽车团队研发出"汽车经销商法律合规官"产品奠定了基础。

第二步是精准调研，研发产品。这个阶段我们做的事情有点像什么呢？像 Apple 发售之前或者特斯拉发售之前的研发工作。这个阶段很难有太多创收，反而需要花费大量的时间和精力去研发法律产品，是一个成本大于收益的阶段。

第三步是高价发售，收回投资。这个阶段就容易理解，Apple 或者特斯拉早期投入的时间、人员、资金应该是巨大的，仅仅靠投资人的供血是远远不够的，需要通过发售产品收回前期的投资。

所以，我们看到，发售之初，Apple 或者特斯拉都采用了高价发售的策略，价格虽然高，但因为切中客户需求点，销售数量又不多，所以，总有一批先行者会抢购 Apple 或者特斯拉，这就可以解释为什么 Apple 手机发售的时候有人愿意排队购买第一批手机，对他们来说第一批的 Apple 手机相当于一种"荣耀"，价格高点都可以接受。特斯拉也是这样，据说早期采用预售方式，客户甚至在没有看到车时，就给特斯拉付了购车款。

法律产品能不能有这些的效果呢？从我们的实战情况来看，当前法律产品也可以采用高价发售的定价策略。当然，原因和 Apple、特斯拉有所不同，主要在于"律师行业目前还处于法律产品的莽荒期"。

比如，汽车行业的法律产品，我们做出来后几乎是全国范围内的第一家，而且围绕汽车经销商面临的"车闹痛点"，汽车经销商每家店在"车闹"问题上的花费也在百万元级别。

对它们来说，律师如果能帮他们解决这个问题，律师费高一点也是值得的。主要的原因还在于市面上还没有同类的法律产品，客户没有办法"货比三家"，这个阶段定价权在律师手里。

但后面就不一样了，大家都知道律师圈子非常小，别家做了什么事情很快大家都知道，知道后就是简单的"竞争策略"就是"抄作业"。你们能做这类业务，我们的人员基础也不差，再通过研究汽车行业、汽车客户，我们也能做出类似的法律产品。

再加上现有的法律产品更多是以各类手册、文本、业务流程表呈现，没有纳入专利或者著作的保护范围（手册可以考虑做版权登记），也更容易为同行"抄作业"。

汽车行业的法律产品一旦推广比较顺利，大家看到这里有很大的创收机会难免会有人直接跟进。这点和 Apple、特斯拉所面临的竞争环境是相似的，特斯拉推出之后很快国内类似于小鹏汽车、蔚来汽车等"造车新势力"纷纷涌现，研发自己的电动汽车和特斯拉抢占市场。

这个时候就需要进入下一阶段，"控制成本，砸价竞争"，就是第三种和第四种市场竞争定价和成本基础定价的应用。

这点还有一个背景需要交代，我们当时为什么考虑以汽车行业作为团队的品牌定位，最典型的思考就是我们说的"经验曲线"（见图 6-3）。

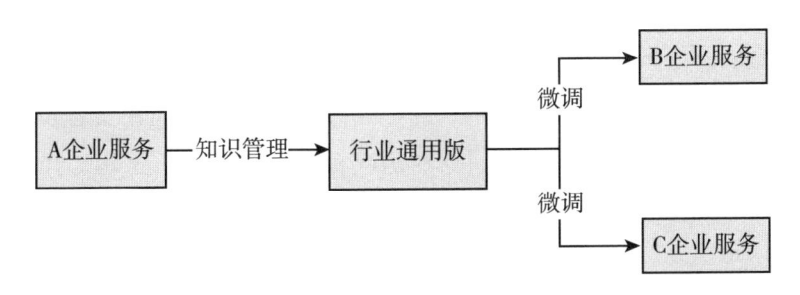

图 6-3　经验曲线

简单地说，首先在同一个行业内的这些企业，它的监管环境、经营模式、组织架构、盈利模式、交易方式、运营行为以及面临的问题有很大程度的"相似性"。

汽车团队前期"研发阶段"，并没有服务太多的汽车客户，反而是深度服务好几家已有的汽车顾问单位。在服务顾问单位的过程中，不断做梳理，形成各类行业通用的业务模块或者研发行业通用的法律产品。这些东西不仅可以在已有的顾问单位做落地部署，还可以作为我们服务新客户的"武器"。

相当于之前在服务已有顾问单位中形成的"知识经验",可以在服务新客户中加以"复用",这是汽车团队相较于其他团队的优势所在。

相应地,汽车团队把这些知识经验法律产品化之后,就更容易控制住服务的成本。给早期客户是按照高价发售的定价策略,这个时候在成本控制的基础上,可以采用更有竞争力的定价策略,一方面排除其他律师,另一方面依靠数量换取更大的利润空间。

当然,上面两种定价策略实行的过程中还隐含了一个基础规律,也是法律服务和法律产品的区别所在,我们称之为"法律产品创收变动曲线"(见图6-4)。相较于法律服务,法律产品具有"可复用性"的特征,不像法律服务那样只能一个萝卜一个坑,零交付的法律产品,不会因为客户采购的数量增加而增加成本,边际成本趋近于零。法律产品随着客户采购数量的增加,价格会逐步降低,降低到成本价附近。一旦到达或者接近成本价,这款法律产品的利润空间就没多少了,也是我们一直在说的"法律产品平价化趋势"。

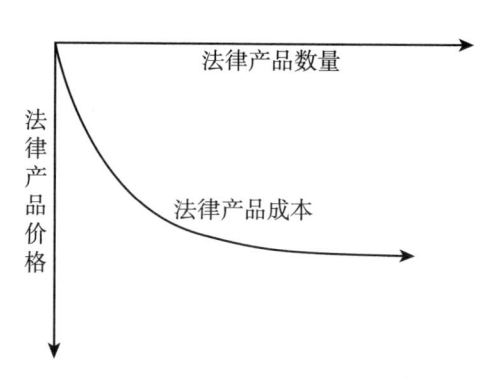

图6-4 法律产品创收变动曲线

第七章　市场推广

第一节　市场推广公式

市场推广这个环节，是法律产品区别于法律服务的关键环节，正如我们对法律产品的定义"可复制的成功项目"，可复制的特性就体现在市场推广环节，简单地说，就是同一款法律产品"卖给同类型的多个客户"，然后结合客户的情况做一些优化调整，为客户部署落地法律产品。

在市场推广环节，我们总结出一个公式：

$$法律产品创收 = 触达人次 \times 跟进率 \times 成案率$$

这个公式就是一个"销售漏斗"，先将法律产品做投放，让目标客户了解、认知这款产品，然后选择条件合适的目标客户跟进，通过一系列的跟进工作获得谈案机会，再借助谈案实现签单，签单之后为客户部署法律产品。

这是一款法律产品"市场推广"的全过程。

当然这个过程想要做好，还得落地到执行层面，为此我们设计出"法律产品市场推广方案"（见图7-1）：

法律产品市场推广方案

本方案用于特定法律产品的市场推广，帮助律师团队梳理推广框架，并以此作为律师团队市场工作进度的推进监控方案，建议：

（1）在目标客户画像确定之后建议首先做本区域内《目标客户名册》梳理，先了解符合目标客户画像的客户数量和分布情况，并以此作为制定市场推广目标的依据；

（2）以市场推广目标倒推市场推广对接的渠道数量以及活动频次，并以此按照具体的市场推进计划；

（3）安排专门的市场推广负责人，负责市场推广活动的整体把控和活动进度的监控，并定期召开市场推广工作总结复盘会，以随时调整方案人员，确保市场目标的实现。

目标客户画像					
法律产品价值					
法律产品配套物料					
法律产品手册		法律产品介绍课程		法律产品品宣物料	
市场推广目标					
目标客户触达数量（发生产品咨询的目标客户数量）		法律产品签单率（签单客户/目标客户触达量）		法律产品年度创收（法律产品预期年度创收）	
市场推广方式					
推广渠道列表	渠道对接物料	渠道对接人	客户跟进人	跟进物料	跟进进度汇总（月度）
第三方合作渠道（选择营销能力强且能直接接触目前客户的第三方渠道，建立战略合作，借助第三方营销能力做产品推广）					

续表

第三方推广渠道 (选择目标客户聚集的第三方渠道,通过与第三方渠道做联合的活动、课程等合作,借助第三方渠道触达目标客户)						
同行转介渠道 (借助律所内部目标客户挖掘或者律所体系内不同分所合作,并与第三方法律平台合作,向律师同行推介产品,形成律师同行转介合作)						
产品品宣渠道 (通过自己媒体渠道或者合作媒体渠道,发布产品相关的软文、直播、视频等品宣物料,借助品牌宣传吸引目标客户)						

图 7-1 法律产品市场推广方案

按照"法律产品市场推广方案"的架构,第一步做的工作是"目标客户画像"的梳理,这是在品牌定位环节已经在做的工作,到市场推广这个环节需要进一步延伸,在客户画像的基础上梳理"目标客户名册",就是把我们所能触及的区域内的目标客户都梳理出来,作为法律产品市场推广的决策依据。

第二步是做法律产品价值提炼,或者换句话就是梳理法律产品"卖点",并在卖点梳理的基础上形成"法律产品宣讲课程",以此作为向客户推荐法律产品的"道具"。

这一步在法律产品设计环节也会涉及，重点在于"发掘律师和客户的匹配关系"，既要了解客户的需求点、选择倾向是什么，也需要熟悉我们自身，知道我们和其他律师之间的差异是什么，扬长避短，发挥我们的优势，并通过"好的文案"表现出来。

比如我们之前提到的"企业工伤事故优化赔付"产品，最终提炼出来的卖点用一句话概括就是"实现企业工伤优化赔付"。

当然，我们和客户具体沟通法律产品的时候，不能搞得那么直接，一般是将法律产品卖点"包装"在法律课程中，或者就是在法律课程中"植入"法律产品，以培训的方式对接客户。

这样一方面可以降低客户的抵触情绪，通过课程告诉客户我们是来帮你解决问题而不是卖产品的，另一方面也通过课程让客户对法律产品有更清晰的认知，更易于接受、购买法律产品。

还是以"企业工伤事故优化赔付"这款产品为例，在推广这款产品时，我们更多是通过"讲课"的方式完成的。提前设计和法律产品相配套的课程"6个阶段，做好企业工伤事故处理"，在课程中就将法律产品植入其中，然后不断对接渠道、对接客户，向客户安排课程分享，课程结束之后再进一步跟进客户，最终实现这款法律产品的签单成交，让法律产品真正带来业务创收。

第三步是在上面的基础上，确定法律产品的推广目标，主要包括"目标客户触达数量、法律产品签单率、法律产品年度创收"三个核心指标。

这三个指标就是上面提到的"法律产品创收公式"的拆解（法律产品创收＝触达人次×跟进率×成案率），只不过结合客户名册、人员资源、合作渠道、推广频次，形成一个可量化的指标，以此来指导法律产品的市场推广工作。

再接下来，就是具体的推广渠道和推广方式，需要结合不同的目标客户群、不同的法律产品类型做"适配"。

以"企业工伤事故优化赔付"这款产品为例，这款产品最合适的目标客户是"建筑施工企业"，因此在渠道的选择上，我们是和建筑行业协会、住建管理部门合作做一些小型的沙龙活动，通过沙龙活动触达目标客户、介绍法律产品并在跟进后"营销"法律产品。

第二节　市场推广原则

在这个环节需要注意三个原则：

（1）适配原则。我们概括为"法律产品的增长匹配模型"（见图7-2），即法律产品要与品宣相匹配、与推广渠道相匹配、与推广方式相匹配，更重要的是与业务后台相匹配，有足够的人力去落地部署法律产品，否则前面产品推广比较顺利，后面部署落地出现问题，带来的后果必然是全盘皆输。因此，做法律产品的市场推广一定要注意"适配原则"。

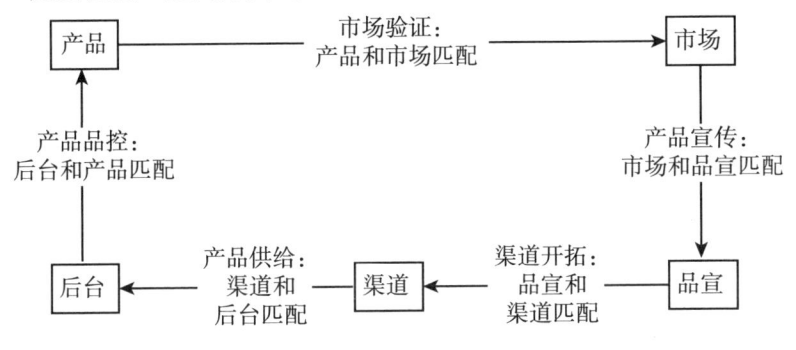

图7-2　法律产品增长匹配模型

(2）内部优先原则。如果我们所处的律所是一个规模型律师事务所或者团队比较大，之前已经积淀了很多存量客户，法律产品的市场推广可以先从"存量客户"入手，先吃"窝边草"。

主要考虑到法律产品推广更多还是依托"信任关系"，而存量客户实际上和我们已经有了一定的"信任关系"，从内部存量客户入手远比直接开发外部客户更顺畅。

这个时候，可能会出现的问题是，律所内部以多个团队、提成制律师为主，存量客户积淀虽多，但在其他团队或者律师手里。想要做内部存量客户的开发，首先要与这些团队、律师沟通，以法律产品作为对存量客户的"增值服务"做开发，同时沟通好法律产品带来的创收的分配比例。

这样借助法律产品在一定程度上在不触动律师客户资源的基础上"激活"了律所的内部市场。比如我们辅导的一家规模律所开发的不少法律产品，第一批次的客户都是从律所内部做的筛选。

（3）圈层推广原则。这个原则实际上是对法律产品所定位的目标客户做的细分拆解，并以此确定市场推广的优先级规划。

法律产品的推广，正如刚刚提到的，实质上是一种"信任关系"的培养，这点和卖保险有点像，标的都是"无形的东西"，客户做出购买决策很大程度上是基于对律师和产品的信任关系。

在这个基础上，我们做法律产品市场推广，必然需要围绕信任度做优先级安排。

首先，从熟人客户入手，比如刚刚提到的律所或者团队内部的存量客户以及外部的亲戚朋友，符合目标客户要求的都可以做推广。

其次，选择涉诉客户，这类客户之前经过这类型的纠纷或者案件，对法律产品的感知度更高。在推广"企业工伤事故优化赔付"这款产品的时候，我们举行活动之前会先从裁判文书网做筛查，筛选本区域内曾经发生过"工伤保险待遇纠纷"的企业，然后通过各种方式邀约这类企业参加活动。

最后，是行业头部客户，还是以"企业工伤事故优化赔付"推广为例，在做活动之后，我们优先跟进西安当地头部建筑施工类企业，给这类企业部署之后，再将头部企业作为"成功案例"，借力打力，借助头部企业的行业影响力，进一步影响行业其他企业，也顺势建立起"法律产品品牌"。这时就可以减少活动频次，更多是借助品牌影响力开发区域内其他客户，并进一步推广实现跨地域客户的对接（见图 7-3）。

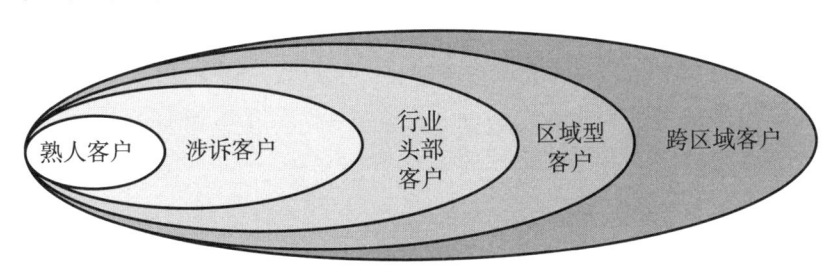

图 7-3 法律产品"圈层推广"

这是整个市场推广环节所需要做的工作，也是法律产品板块的内容，同时和后面涉及的"案源开发"板块也有一些重合的地方。

第三节 市场推广量级

做法律产品推广，还需要注意一个问题就是"数量级"的问题，这也是律师在法律产品推广过程中容易犯的错误。

当前有不少律师、律师团队已经设计出不错的法律产品，这些法律产品也确实能解决客户的问题，却没有给律师、律师团队带来多少创收。后来和它们一起分析原因,很大程度上就在于没有做到足够的客户量级。

之前提到的"钢贸365会员"产品,客单价只有1000元/年。很难指望通过这款产品给钢贸团队带来多少创收,但通过这款产品可以为钢贸团队"聚集"目标客户,起到引流的作用。即便是聚集目标客户,如果数量级不够,带来的创收效果也不是太明显。

我们之前做过测算,如果手里能掌握600家钢贸商作为会员,按照钢贸案件发生的概率,每年最少可以给钢贸团队带来60件钢贸诉讼案件。而钢贸诉讼的客单价差不多6万元/件,每年通过会员带来60件钢贸诉讼,就可以保证钢贸团队每年360万元的基础创收。

问题在于,上面的测算只是理论上的测算,想要达到这个指标就得将"钢贸365会员"做到600家,而600家会员进一步拆解,按照我们的活动效率,每场活动差不多能签下10家左右的会员,也就意味着全年要做60场活动,相当于每个月要做5场活动。只有达到这个数量级了,才能真正地带来明显的创收。

我们律师在做法律产品推广的过程中,很大程度上还是按照传统的活动推广,有多少人力才有多少活动,恐怕实际落地很难有律师团队能做到1个月5场活动的量级。

这时,就需要考虑引入一些提升量级的推广方式,比如我们正在践行的"电话营销+产品推广"相结合的模式(见图7-4)。

在实际的操作中,第一步先结合法律产品确定"目标客户群",比如"钢贸365"会员产品的目标客户群就是钢贸商,之前已经梳理出陕西省内正常运营的钢贸商名册。

第二步就是将名册交给电销人员电话沟通,沟通的内容不是直接"卖产品",直接卖产品的电销方式不够高级,对钢贸的品牌可能会带来损害。我们安排电销人员跟进客户做实"钢贸内训+钢贸活动"。

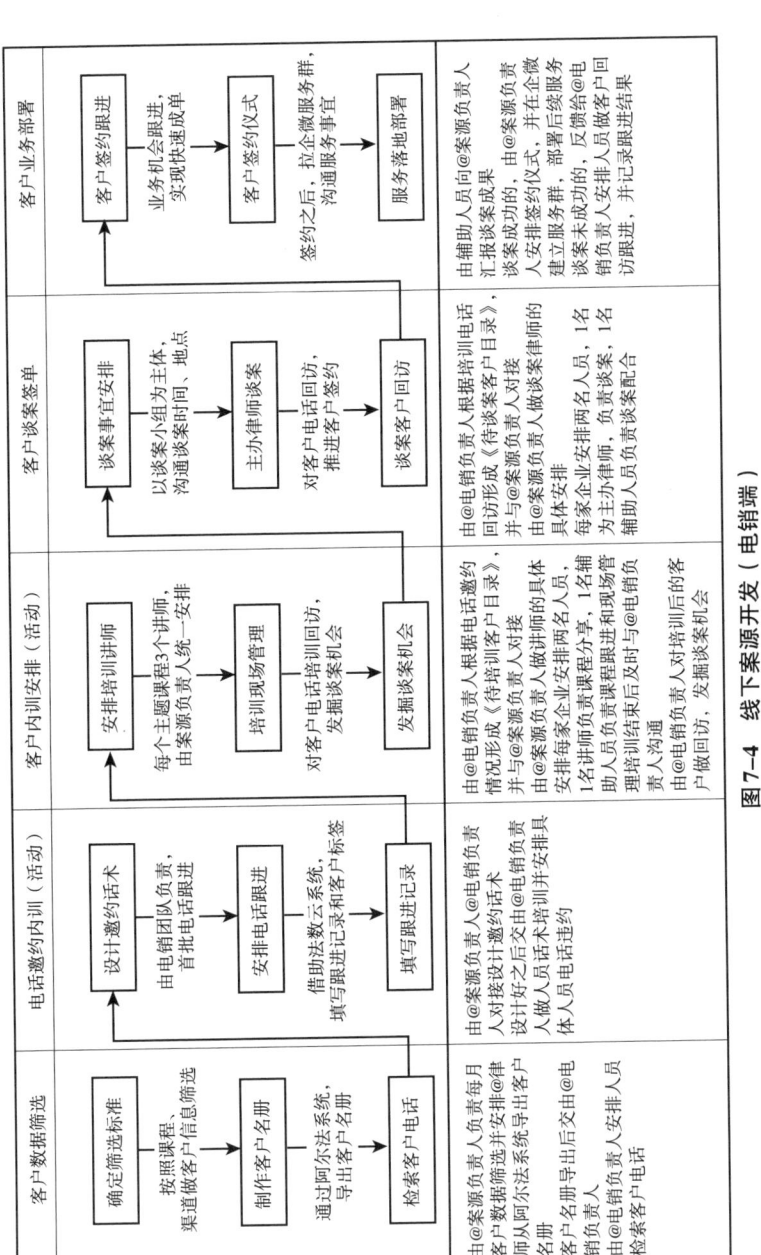

客户数据筛选	电话邀约内训（活动）	客户内训安排（活动）	客户谈案签单	客户业务部署
确定筛选标准 按照主题课程、渠道做客户信息筛选	设计邀约话术 由电销团队负责，首批电话跟进	安排培训讲师 每个主题课程3个讲师，由案源负责人统一安排	谈事官案安排 以谈案小组为主体，沟通谈案时间、地点	客户签约跟进 业务机会跟进，实现快速成单
↓	↓	↓	↓	↓
制作客户名册 通过阿尔法系统，导出客户名册	安排电话跟进 借助法智云系统，填写跟进记录和客户标签	培训现场管理 对户电话培训回访，发掘谈案机会	主办律师谈案 对客户电话回访，推进客户签约	客户签约仪式 签约之后，拉企微服务群，沟通服务事宜
↓	↓	↓	↓	↓
检索客户电话	填写跟进记录	发掘谈案机会	谈案客户回访	服务落地部署
由@案源数据筛选负责安排由@律师从阿尔法系统导出案源客户名册，客户名册导出后交由由@电销负责人安排人员检索客户电话	由@案源负责人@电销负责人对接设计之交由@电销负责人做人员电话培训之后，由具体人员电话进行	由@电销负责人根据电话邀约情况形成《待训客户目录》，并与案源负责人对接由案源每家企业安排两名人员，1名讲师负责课程分享，1名辅助人员负责课程跟进和现场管理培训结束后及时与@电销负责人做回访，发掘谈案机会	由@电销负责人根据培训电话回访形成《待谈案客户目录》，并与@案源负责人对接由@案源负责人做谈案律师的具体安排每家企业安排两名人员，1名为主办律师，负责谈案，1名辅助人员负责谈案配合	由辅助人员向@案源负责人汇报案成果谈案成功的，由@案源负责人安排签约仪式，并在企微建立服务群，部署后续服务谈案未成功的，反馈给@电销负责人安排人员回访跟进，并记录跟案机会

图7-4 线下案源开发（电销端）

一些重点的钢贸商会提前标注出来，之后安排电销跟进，和有意向的钢贸商确定时间，免费上门为钢贸商提供内训，在内训的过程中"嵌入""钢贸365"的产品介绍，内训之后再跟进客户，促成产品的成交。

对于非重点的钢贸客户，电话邀约关键在于邀请其参加线上、线下的活动，也包括向钢贸商邮递类似于《钢贸法律100问》之类的手册。

第三步就是跟进和成交了，这点和我们律师传统的做法没有太大区别。

在这个模式中引入电话营销是关键，就当前电话营销的效率而言，陕西省3000家钢贸商也就1个月时间就能"覆盖"一遍，和客户对接的效率会提升很多，效率提升了量级自然就能做起来。

除了引入电话营销，目前提升量级还有一些方式，比如网络投放、短视频营销、线上活动等都可以作为提升接触客户量级的方式。

量级做到了，有一定的转化率，才能保障法律产品带来可以预期的创收。

第四节　合作渠道开发

合作渠道开发，是法律推广变现的"放大器"，也是驱动法律产品创收最重要的因素。

不过，法律产品的渠道开发有一些独有的特征，我们总结为"法律产品渠道实战四步法"：人脉资源渠道—私域运营渠道—同行转介渠道—外部合作渠道，这四个渠道呈现出阶梯开发的模式。

这是法律产品的特性决定的,相较于其他消费产品,法律产品很大程度上需要依托信任关系实现创收变现,而法律产品营销的过程也是不断建立和客户之间信任关系的过程。

信任关系有强弱,首先也是最强的信任关系就是我们已有的人脉资源,这些人群基于亲朋、家族、同学或者其他类型的关系和律师之间已经建立起信任关系,是法律产品推广的第一批客户。

其次是私域运营渠道,律师通过各种方式建立起自己的私域阵地,比如微信公众号、视频号、抖音平台、小红书,通过内容让客户认知到律师的专业度,变成律师的粉丝,进而做法律产品推广,也容易为客户所接受,可以作为第二批次的触达客户。

再次是律师同行,这个时候律师同行尤其是异业合作的律师同行不是我们的竞争对手,反而是法律产品的合作方。合作律师基于自身的背书向客户转介法律产品,形成创收变现。

最后就是我们常规意义上的第三方合作渠道,如比较常见的商会、协会、老乡会、工业园区,这些第三方渠道可以更精准地帮我们触达更多的目标客户,从而扩大法律产品的销售量级。

法律产品的渠道开发方式和《跨越鸿沟:颠覆性产品营销指南》中提出的"技术采用生命周期"很相似,是按照各类渠道和信任关系梯次做开发(见表7-1)。

表7-1 按渠道和信任关系梯次开发

渠道	关系
人脉资源渠道	情感信任关系
私域运营渠道	粉丝信任关系
同行转介渠道	品牌信任关系
外部合作渠道	利益合作关系

想要真正做到放大法律产品创收变现的效果,就不能局限于对这四类渠道的了解,还需要进一步剖析四类渠道的利弊和合作方式,进而形成四类渠道的融合,建立起法律产品的渠道创收驱动网络。

一、人脉资源渠道

对于第一类人脉资源渠道,这类渠道的优势在于足够"简单",只要做好客户关系维护就行。而客户关系维护因为本身就有一些"关系"做支撑,维护起来更多是在情感层面,俗一点说,一起吃饭、喝茶、打牌,好一点的就搞搞活动、做做联谊、安排一些培训,再高端一点会结合客户情况发布一些文章、视频或者白皮书等内容,建立自己在客户心目中法律专家的地位。

这样容易驱动人脉资源帮我们推荐产品,形成有效创收。当前法律产品创收变现很大程度上是"自产自销"的小卖铺模式,这种模式主要依托的就是自身的人脉关系渠道。

问题在于人脉资源渠道能触达的目标客户数量非常有限,这种情况下,即便是转化率比较高,所能带来的法律产品创收也很有限。

我在线下做培训时,经常会问律师一个问题"你认识的人多还是不认识你的人多?"答案其实显而易见,我们认识的熟人数量很有限,不认识我们的陌生人占了绝大多数。

做熟人的生意其实很难做大,毕竟律师能维系的熟人就那么多。按照国外一位心理学家的研究,一个人一生能维系的熟人数量不会超过300人。按照"漏斗模型",这300人又有多少人会是法律产品的目标客户,又有多少能转介目标客户,这些目标客户中又有多少人会第一时间选择你的产品,最终形成的有效创收必然非常有限。这也是当下不少律师做法律产品但创收无法突破的主要原因。

同时，人脉资源渠道对律师"先天条件"要求比较高。律师自己或者所处的家族本身就有一定的资源积淀，对于法律产品推广会有很大的帮助。即便是没有先天的资源，自己积淀的同学、同事关系也会有很大的帮助。比如，当前有不少从公检法以及记者群体转型做律师，依托之前形成的关系积淀，很快形成自己的有效推广。但对于真正"一穷二白"的律师来说，人脉资源渠道只能是望而却步。

从这里我们不难看出，人脉资源渠道做的是熟人、强信任关系的渠道，渠道所能触达的客户很有限，这时就需要突破人脉资源渠道，引入私域渠道运营，面向更多的弱关系（粉丝信任关系）人群做产品推广。

二、私域运营渠道

私域运营渠道，最常见的就是我们说的微信好友，这是律师可以直接触达的目标客户，相较于人脉资源渠道，微信好友的数量要更多，触达的方式也简单，有时候一个朋友圈就能实现法律产品的销售变现。比如我们之前在推"企业工伤事故优化赔付解决方案"时，就是通过朋友圈获取了一些有效客户。

仅仅把私域运营渠道理解为微信好友还不够，还需要进一步扩大范围，我们"直接拥有，可重复、低成本甚至免费触达客户"的渠道都可以纳入私域运营渠道的范围。比如，我们自己的微信社群、微信公众号、微信视频号、小红书账号、抖音号、B站账号、知乎账号都属于私域运营渠道的范畴。

对于私域运营渠道的开发重点在于三个方面：公域引流＋关系养成＋产品转化。

私域运营渠道想要做好，首要的一个条件就是你的私域足够大。还是以微信好友为例，这是律师最典型的私域，如果微信好友都没有超过5000人，而且多数微信好友都是自己的熟人，这样的私域就很难做起来，更谈不上有多么高的法律产品创收转化。

正如上面的案例，我的微信好友中如果没有企业老板，都是我的亲朋好友，估计也没几个人会对"企业工伤事故优化赔付解决方案"感兴趣，更谈不上转化签单。私域运营渠道想要做出效果，必须从公域做引流，没有公域就没有私域，私域本来就是和公域相对应的一个概念。

还是以微信平台为例，从公开数据来看，前几年微信平台的日活用户已经达到13.27亿人，看着数据很大，但问题在于这些人群我们很难触及，即便是其中一部分人群也需要通过微信广告投流的方式才能触达，而微信广告的投流费用不菲，这是我们后面会提到的第三方合作渠道。

我们想要真正通过微信渠道触达这些客户，就必须把微信的客户引流到自己的微信好友、微信公众号、微信视频号或者微信群、企业微信中，这样才能更加方便地与这些客户接触，并通过产品推广实现创收转化，这就是所谓的公域引流，是做好私域渠道运营的基础。

要实现公域引流，很大程度上依托于内容运营，比如，我们写公众号文章、做短视频、开直播、做社群，都是通过内容将客户从公域引流到私域，在这个过程中公域实际上也是我们的渠道，只不过这个渠道的开发需要引入零交付和轻交付的法律产品。

我们会发现律师之前做内容运营，很大程度上是在做品牌宣传，让客户觉得自己非常专业，进而引流有需求的客户过来咨询，再通过咨询对接引导客户线下谈案，从而形成有效案源。

实际上，一方面，这种运营方式链接太长了，有些客户未必非得找个律师打官司，仅仅是想咨询简单的法律问题，并不愿意因此支付过高的费用，甚至不愿意付费，律师对于咨询就没有积极性了，阻碍了后端的案源转化。

另一方面，律师做引导总希望引导为诉讼或非诉项目，这些都是重交付的法律服务，对客户来说可能就是需要一份协议或者咨询清楚一个问题，并不希望找个律师打官司，律师确实存在"过度"提供法律服务的问题。

也是基于这个背景，我们提出了法律产品的三个分类：零交付法律产品＋轻交付法律产品＋重交付法律产品，是按照法律产品对律师的依赖度做区分。

零交付的法律产品以协议、手册、视频为主，不需要律师跟进做交付。比如，客户涉及离婚，想要一份离婚协议，律师提前根据场景设计的离婚协议就是零交付的法律产品，这类产品特别适合公域渠道以短视频＋直播的方式做推广。

轻交付的法律产品类似于诉讼指导、财产调查等，需要律师提供一些服务做配合，但不需要投入太多的时间和精力，这类产品和零交付的法律产品一样，适合在公域渠道以短视频＋直播的方式做推广。这两类产品的推广比单纯做普法引流咨询的推广方式要好很多，而且通过前端零交付、轻交付的产品购买也能更精准地识别到有重交付需求，需要律师做深度服务的客户。这是借助三类法律产品对公域渠道的开发，并实现公域到私域的引流。

而引流到私域之后就需要运营支持，建立和客户之间的信任关系，将客户变成自己的粉丝客户。一旦和客户建立起信任关系，再通过法律产品变现就容易很多了。

比如我们辅导婚姻家庭团队在推广"女性私人法律顾问"这款

产品时，借助的就是之前和客户形成的粉丝关系，仅仅通过电话的方式就能实现客户下单购买会员。当然这种粉丝关系的养成不是一个轻松的过程，在这个过程中需要不断"互动"建立和客户之间的粉丝信任关系。

婚姻家庭团队的优势在于有一个非常有亲和力的律师负责私域渠道的客户关系，几乎是按照客户"律师闺蜜"的态度来对待每一位私域客户，相对来说也就容易和客户建立起亲密的粉丝的关系，后续再推出法律产品，其实只需要通过微信朋友圈、公众号或者视频号就能触达并激活用户采购。

同时，做私域渠道运营还有一个好处就是"客户精准度"高，律师将客户从公域引流到私域后，需要一个和客户互动并建立信任关系的过程，这个过程中我们对客户的认知也会建立起来，知道客户是什么样的人、什么性格、家庭情况以及当下所需，这些都会成为后续精准向客户推荐法律产品的基础，这也是私域运营渠道的优势所在。

三、同行转介渠道

对于婚姻家庭、执行、刑事、高端商事、知产等法律产品，同行转介渠道是最见创收的一类渠道。对于其他类型的产品也可以借助同行转介实现客户触达和创收变现，这是当下做法律产品推广比较优质的渠道，也是律师用得比较多的一类渠道。不过，同行转介渠道不像人脉资源和私域运营渠道，需要支付一定的"渠道费用"，也就是我们常说的案源费，这是同行转介渠道的弊端。

实际上，我们现在对同行转介渠道的应用并不够，最起码应该在三个方面优化同行转介渠道，我们称为"同行转介渠道的三重保障"（见图7-5）。

三重保障

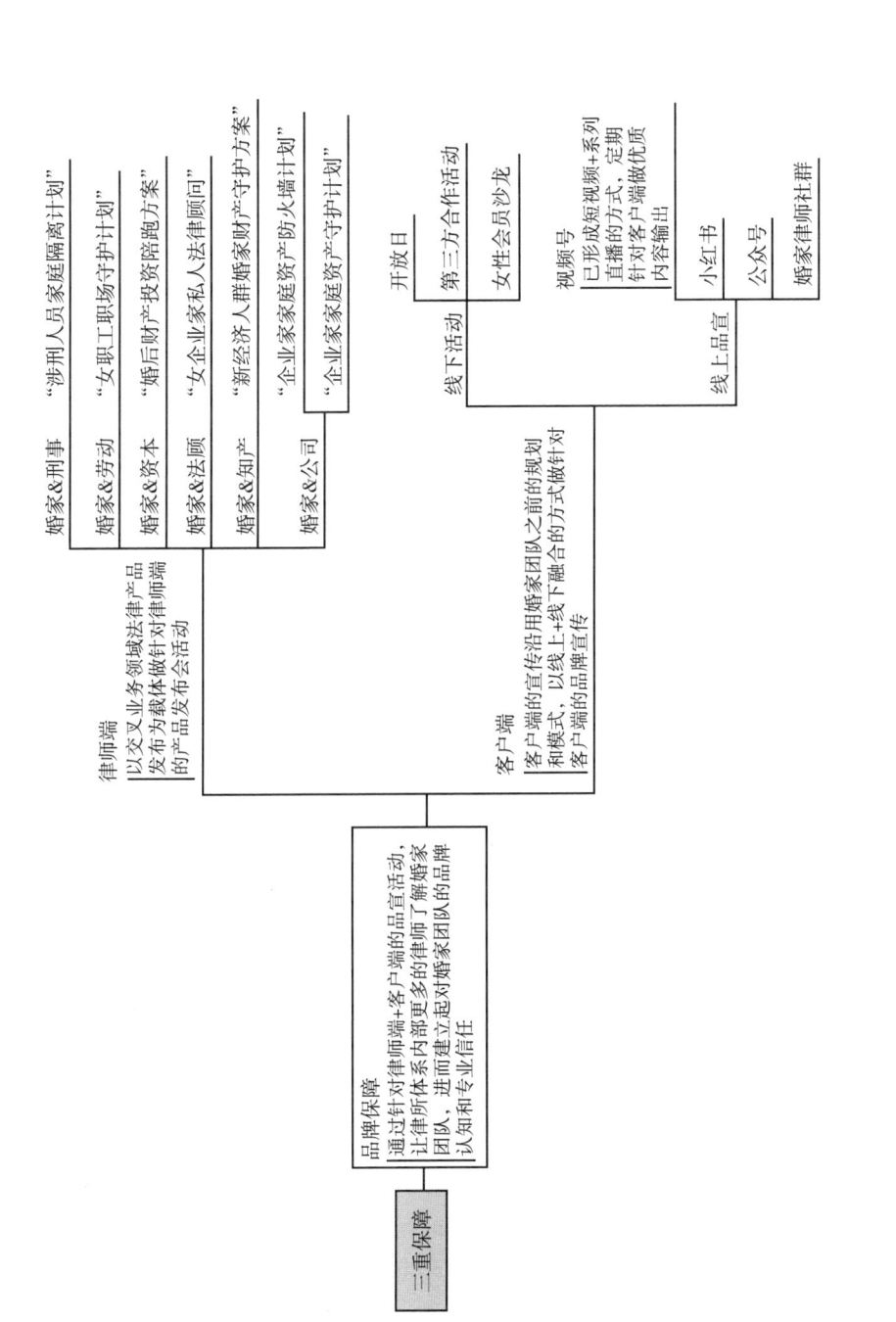

品牌保障
通过针对律师端+客户端的品宣活动,让律所体系内部更多的律师了解婚家团队,进而建立起对婚家团队的品牌认知和专业信任

律师端
以交叉业务领域法律产品发布为载体做针对律师端的产品发布会活动

- 婚家&刑事:"涉刑人员家庭隔离计划"
- 婚家&劳动:"女职工职场守护计划"
- 婚家&资本:"婚后财产投资陪跑方案"
- 婚家&法顾:"女企业家私人法律顾问"
- 婚家&知产:"新经济人群婚家财产'守护'方案"
- 婚家&公司:"企业家家庭资产'防火墙'计划"
- "企业家家庭资产'守护'计划"

客户端
客户端的宣传沿用婚家团队之前的规划和模式,以线上+线下融合的方式做针对客户端的品牌宣传

线下活动
- 开放日
- 第三方合作活动
- 女性会员沙龙

线上宣传
- 视频号:已形成短视频+系列直播的方式,定期针对客户端做优质内容输出
- 小红书
- 公众号
- 婚家律师社群

二重保障

首单案源制

- **首单合作费**：合作方介绍的客户形成有效案源，初次有效案源按照一定的比例向合作方支付合作费
- **客户资产费**：合作方介绍的案源客户初次有效案源之外，经过团队深度挖掘形成的衍生业务，给予合作方客户贡献费
- **合作办案费（协定）**：合作方介绍客户，形成有效案源，并参与办案的双方按照"一案一议"的原则约定给予合作方的相应费用
- **案件汇报制**：对于合作方介绍的案源，婚家团队与合作方沟通案件办理流程后，确定向合作方汇报的流程节点，以便于定期向合作方做案件进度汇报，让合作方适时掌握案件的情况和进度
- **合作多元化**：婚家团队与其他律师团队目前已形成多元化的机制，可以针对不同律师团队形成不同的合作机制
  - **轻度合作**：双方相互做品牌站台和背书，并相互导入流量资源
  - **中度合作**：建立与律师团队之间的案源转介合作，双方相互做案源转介
  - **深度合作**：形成和律师团队之间的战略合作，共同研发交叉领域的法律产品，并依托各自的资源渠道推广变现法律产品，形成合作团队的深度融合

制度保障

针对内部交叉业务合作，形成制度尤其是分配层面的制度，确保合作方律师的利益有充分的保障

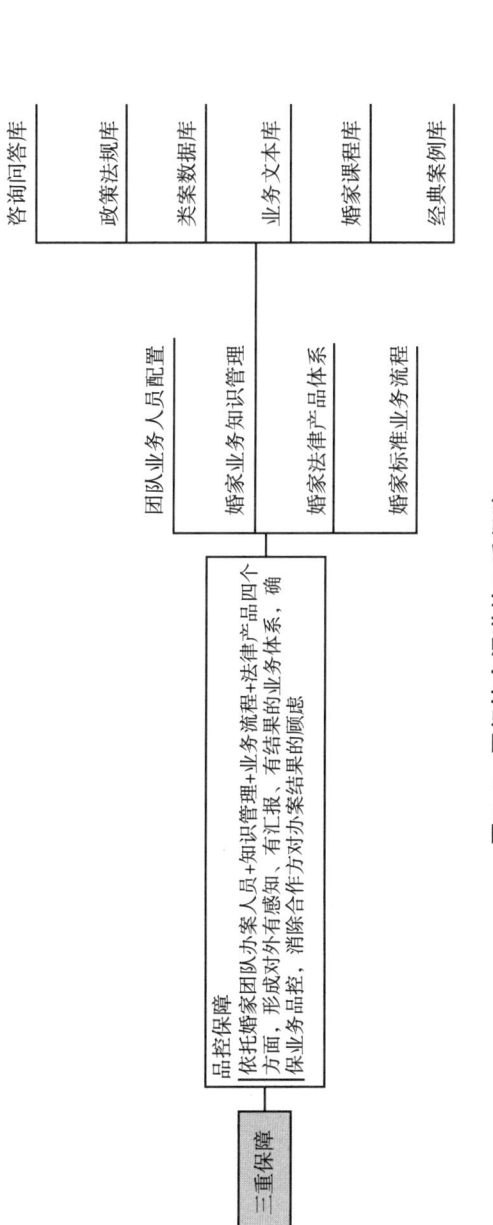

```
                                    ┌─ 咨询问答库
                                    ├─ 政策法规库
                                    ├─ 类案数据库
                                    ├─ 业务文本库
                                    ├─ 婚家课程库
                                    └─ 经典案例库

              ┌─ 团队业务人员配置
              ├─ 婚家业务知识管理
              ├─ 婚家法律产品体系
              └─ 婚家标准业务流程

  三重保障 ──  品控保障
              依托婚家团队办案人员+知识管理+业务流程+法律产品四个
              方面，形成对外有感知、有汇报、消除合作方对办案结果
              保业务品控，结果的顾虑
```

图 7-5 同行转介渠道的三重保障

一是先要让同行认识自己，包括所内的同行和所外的同行，区域内的同行以及跨区域的同行，只有认识自己才有可能产生后续的合作，这是同行转介渠道开发的基础。

在这一点上就需要面向同行做品牌活动，包括做课程分享、做开放日、参加行业活动、出版专业书籍（手册）等，还需要更进一步和合适的异业合作律师（律师团队）建立战略合作关系，并在战略合作的基础上共同研发法律产品，借助法律产品深化和律师（律师团队）之间的合作。

这也是我们在辅导婚姻家庭团队和律师同行重点合作的一种方式，简单地说就是将法律服务和同行律师（律师团队）业务相融合，形成一款"共创型法律产品"，而后双方联合发布，共同做产品的变现推广，这是找到了和同行的"利益契合点"，再以产品作为载体调动双方的资源、人员，共同形成创收。比如，我们正在推进的和资本团队合作的"婚后财产投资陪跑计划"、和常法团队合作的"女企业家私人法律顾问"等产品都是这种"共创型法律产品"，通过法律产品将同行绑定，实现对律师同行渠道的深度开发。

二是要建立起制度层面的保障，确保合作方律师利益有充分的保障。在这点上我们辅导婚姻家庭团队的过程中形成了三个创新制度：（1）首单案源费。对律师同行转介法律产品形成有效创收的，按照创收收入的20%向律师同行支付"首单案源费"。（2）客户贡献费。律师同行介绍的客户经过婚姻家庭团队后续挖掘形成衍生业务（法律产品或者服务），在律师同行不参与衍生业务的情况下，按照创收收入的10%向律师同行支付"客户贡献费"。（3）合作办案费。律师同行转介法律产品，并与婚姻家庭团队共同参与法律产品的谈案、交付等环节的，双方共同协议法律产品创收的分成比例。

三是对客户交付的品控保障。婚姻家庭团队是按照办案人员＋知识管理＋业务流程＋法律产品四个方面，形成对外有感知、有汇报、有结果的业务体系，确保交付品控，消除合作律师对办案结果的顾虑。

四、外部合作渠道

这是渠道开发中最困难的一环，毕竟外部合作渠道并非律师所能掌控的，很大程度上是通过利益关系捆绑在一起的。当然，好的外部合作渠道确实可以起到法律产品"放大器"的作用，让法律产品可以触达更大范围的目标用户。不过，对外部合作渠道要做区分，按照紧密程度形成三个层次的合作关系：

一是品牌合作，简单地说就是相互站台、互相背书，联合搞一些活动或者课程，比如和商会、协会这种外部渠道的合作，更多的是让商会、协会把人召集过来，然后去讲课，这种渠道合作有点关系就能落地，想要做好关键在于课程的设计和讲课后的跟进，尤其是讲课后的跟进是不少律师缺失的，白白浪费了之前的努力。

二是案源合作，律师的目标客户和第三方合作渠道客户重合度比较高，相互之间业务能互补，大家可以做业务的转介绍。比如，婚姻家庭律师团队和公证机构之间的合作，异业律师团队之间的合作，都是这种类型。

问题在于，这种方式的合作具有很大的偶发性，属于顺手而为的动作，顺手介绍案源可行，但很难让第三方渠道把案源介绍的工作放在很重的位置，第三方渠道也不会专门花心思考虑如何更好地帮助律师介绍案源，案源开发相对比较零散，好一点的一年也就几个案源。

三是产品合作，和上面律师转介渠道深度开发的方式相同，我们也可以围绕第三方渠道找到和第三方渠道之间的业务融合点，然后围绕业务融合点研发法律产品，形成和第三方渠道共创的法律产品，再进一步调配我们自身和第三方的资源、人员、渠道，推广变现法律产品。这是和第三方渠道深度合作的一种方式。

婚姻家庭团队和公证机构之间的合作就用到过产品合作的模式，确实能起到很好的效果。

另外，和第三方渠道的合作，一定要去做深度运营，而非仅仅签个战略合作协议或者和第三方领导达成一致就完事了，这是一个强运营的工作，不论哪一个层级的合作，都需要安排相应的"渠道负责人"做"渠道合作运营计划"，制订和执行行动方案，真正挖掘第三方渠道的潜力，否则和渠道合作想起来举行活动课程，想不起来就不做，对渠道是一种很大的浪费。

同时，实战中这四类渠道，人脉资源渠道＋私域运营渠道＋同行转介渠道＋外部合作渠道，还存在一个交叉融合的问题。

比如，人脉资源渠道和私域运营渠道本身就存在融合，人脉资源同时也是私域运营的对象，借助私域运营可以进入实现人脉资源的裂变，也就是我们一直说的"老带新"的产品推荐。同时，人脉资源有一部分也是律师同行，又能借助之前的情感联系，更好地开发律师同行转介渠道。第三方合作渠道也是如此，刚开始时就是找自己熟人圈的第三方渠道合作，慢慢地再往外做拓展。

同时，还需要注意线上线下渠道的融合，四类渠道都会涉及线上线下的运作，比如私域运营以线上为主，而私域运营渠道想要实现创收变现，又依赖线下谈案做转化。实战运作中就需要结合法律产品的特性，综合运用四类渠道，形成特定法律产品的渠道运营策略，以此放大法律产品的创收变现。

举个实际的例子，我们之前在做零交付、轻交付法律产品渠道开发的过程中，就形成了"法律产品导购推广＋法律产品裂变营销＋法律产品渠道分销＋分销渠道二次推广"，四个梯次的渠道开发方式。

第一波是法律产品导购推广，主要是借助我们已有的人脉资源做私域渠道运营，通过公众号、视频号、小红书等自有渠道对外发布产品导购内容，引导熟人客户以及粉丝客户下单采购法律产品。

第二波是法律产品裂变营销，也是建立在熟人客户和粉丝客户的基础上，引入裂变海报和分成模式，刺激熟人和粉丝一起做法律产品的传播，借助他们的"社交关系"进一步扩大法律产品的覆盖范围。

第三波就进入合作渠道的开发，找到和法律产品匹配的第三方渠道，借助第三方渠道已有的客户和触达方式进一步放大法律产品的推广范围。

第四波也是合作渠道的开发，不过这时的合作渠道已经上升到"分销"的层面，相当于为法律产品的销售建立起分销体系，将第三方合作渠道变成我们的"分销商"，一起推广销售法律产品，并共享法律产品创收。

法律产品推广变现流程见图 7-6。

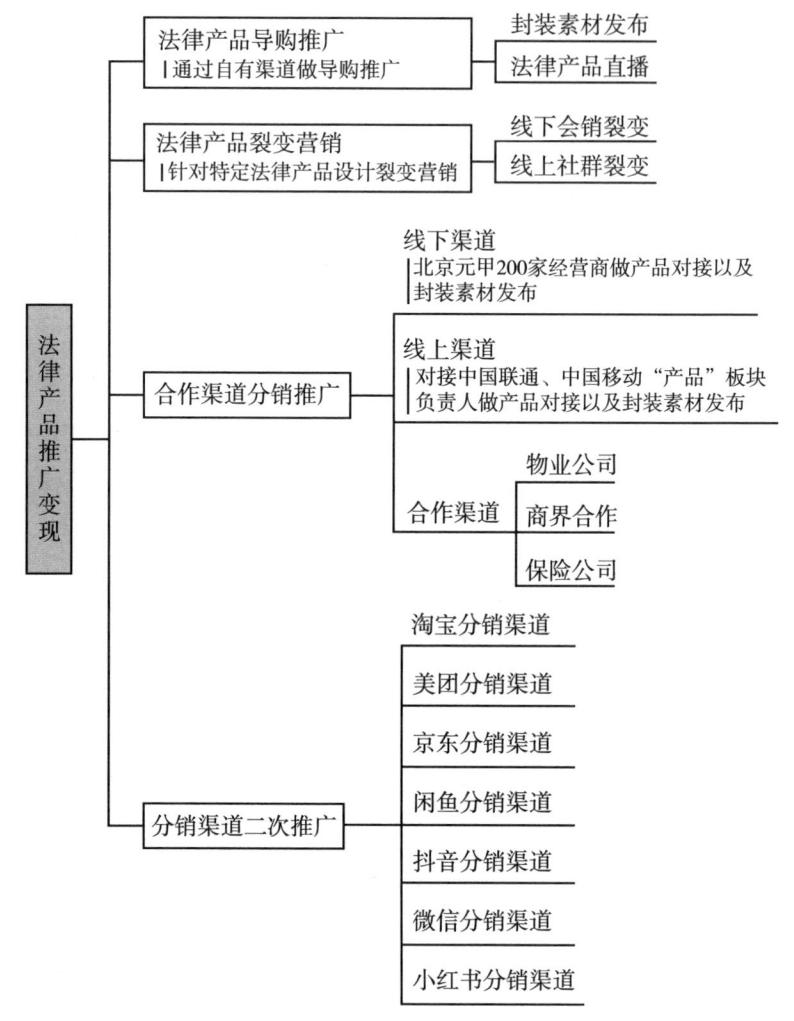

```
                    ┌─ 法律产品导购推广          ┌─ 封装素材发布
                    │  |通过自有渠道做导购推广    └─ 法律产品直播
                    │
                    ├─ 法律产品裂变营销          ┌─ 线下会销裂变
                    │  |针对特定法律产品设计裂变营销 └─ 线上社群裂变
                    │
                    │                          ┌─ 线下渠道
                    │                          │  |北京元甲200家经营商做产品对接以及
法律                │                          │   封装素材发布
产品                │                          │
推广 ───────────────┤── 合作渠道分销推广 ──────┼─ 线上渠道
变现                │                          │  |对接中国联通、中国移动"产品"板块
                    │                          │   负责人做产品对接以及封装素材发布
                    │                          │
                    │                          │                ┌─ 物业公司
                    │                          └─ 合作渠道 ─────┼─ 商界合作
                    │                                           └─ 保险公司
                    │
                    │                          ┌─ 淘宝分销渠道
                    │                          ├─ 美团分销渠道
                    │                          ├─ 京东分销渠道
                    └─ 分销渠道二次推广 ───────┼─ 闲鱼分销渠道
                                               ├─ 抖音分销渠道
                                               ├─ 微信分销渠道
                                               └─ 小红书分销渠道
```

图7-6　法律产品推广变现流程

正是通过这四波渠道的开发，我们在自有流量不足的情况下照样能实现法律产品的推广变现，这其实就是渠道的价值所在。虽然不属于我们自己掌握，但用好了就能够成为法律产品创收变现的"放大器"。

第五节　法律产品整合营销

最后一个板块，我们也称为法律产品的"整合营销"。

商业领域有个"4P"框架，即"产品＋价格＋推广＋渠道"构成了以产品为核心的营销体系。这一营销体系在法律产品中照样可以应用，我们想要通过法律产品驱动创收变现，实际上也是在"4P"的框架下实现的，这是产品创收变现的临门一脚。

这一脚想要踢好不是那么简单，就需要引入整合营销的理念，先梳理推广环节的底层逻辑，而后识别推广场景，再根据具体的推广场景整合推广方式。

推广的底层逻辑很简单，就是让客户熟悉并购买法律产品的过程，一般可以分为：建立认知—激发需求—影响选择—促成下单。

以婚姻家庭团队"女性私人法律顾问"产品的推广为例，这款产品做出来之后，我们并没有第一时间做销售工作，而是联合了30多家渠道方做产品发布会，再围绕发布会做产品相关的文章、短视频，这些其实都是在瞄准"建立客户认知"，让客户了解到有这么一款产品、这款产品有什么价值，能做到这一点算是很不错了。

当然，这还不够，因为在这一环节客户需求还没有被激发出来，可能存在"你这款产品是有价值，但和我有什么关系"，这就需要我们把产品价值和客户需求结合起来，就是激发需求的环节。

实战中，这个环节实际上是通过婚姻家庭团队成员给之前代理过婚姻家庭诉讼的老客户打电话完成的，不过，在打电话之前，也做了一定的筛选工作，算是比较"精准"的客户推广。经过我们电话沟通，因为是针对老客户，和团队之间比较熟悉，有一定的信任基础，自然会选择我们，也容易促成下单。

这是我们经历的一款比较简单的法律产品推广实战，但实际上一款产品真要走通"建立认知—激发需求—影响选择—促成下单"四个阶段，最终实现创收变现，还需要做一些更细化的工作。

以我们之前做的法律产品商城为例，实战中这四个环节我们几乎都走了一遍，而且走起来也是蛮简单的。

一、建立认知

先是建立客户认知，商城简单地说就是一个"用法律产品驱动律师创收"的平台，更多瞄准的是传统律师业务的前端市场，相当于和律师一起做前端增量市场的开发。

这个其实也容易理解，以道路交通安全领域为例，传统律所、律师一般的关注点在于道路交通安全诉讼，但对道路交通安全诉讼之前的业务并没有涉及，这块是一个非常大的市场。

比如，根据北京交通委公布的数据，发生交通事故但没有进入诉讼阶段的纠纷大概是交通事故诉讼的 10 倍，远比律师关注的交通事故诉讼市场要大得多。问题在于多数律师会觉得这个市场开发不出来或者不值得开发，很难收上费用，所以，一旦遇到客户咨询交通事故，更多还是往诉讼案件委托代理这个方向上去引，如果做不成诉讼，基本认为是无效客户。

这里就有观念转变的问题，涉及三个理念：

1. 建立法律产品而非法律服务的思维和打法。
2. 形成法律产品三个层次（零交付—轻交付—重交付）的理念。
3. 引导律师入驻商城平台，借助平台的叠加作用放大法律产品的创收结果。

正如那句老话说的，"世界上最难的两件事莫过于把别人的钱放进自己的口袋,将自己的思想装进别人的脑袋",上面两个理念让更多律师同行接受并不是一个容易的过程,甚至北京一家律所的主任还开玩笑地说,"我们做的是布道的工作"。既然是布道的工作,就当作布道来做吧!

我们进行了法律产品相关的一系列规划,包括线下的法律产品大赛辅导、法律产品实训营、法律产品公开课,线上的法律产品辅导社群、法律产品各类直播、法律产品文章,这些工作无一不是在布道,或者换句话说在做"建立客户认知"的工作。

好在通过这种持续的布道工作,有一些"理念相投"的律师和我们建立了联系,也形成了一个以法律产品为主题的小圈子。同时,布道的过程也是我们搜录库在做品牌的过程,在建立客户认知的同时还有了一些意外收获。

二、激发需求

想要激发客户需求,你得先了解客户有什么需求,这点非常关键。

虽然说我们通过上面提到的法律产品大赛辅导、法律产品实训营、法律产品公开课,以及线上的法律产品辅导社群、法律产品各类直播、法律产品文章,吸引了一批对法律产品有认知的客户,但想让这些客户更进一步,就需要激发客户需求,建立起客户与我们之间的联系。

在这个环节上,我们采用了一种比较"笨"的办法,就是做针对律师群体的社群运营,通过社群互动的方式不断做法律产品的内容输出,并通过互动了解律师及其团队的情况,再通过轻咨询的方式看看法律产品如何与律师团队做融合,形成法律产品驱动律师创收的落地方案。

在这个过程中,律师的需求切入点很简单,就是创收,这应该是绝大多数律师的普遍需求。而我们提供的品牌承诺、提供的解决方案无一不是瞄准律师创收倍增的根本需求，只是我们需要让律师相信用法律产品的方法可以真正驱动律师创收。

三、影响选择

客户产生需求之后，并不会马上作出决定，此时需要进一步加强对客户的影响。

四、促成下单

知道和做到之间总有很长的距离，了解和下单之间也永远有一个鸿沟。

促成下单环节需要做的就是"填平鸿沟"，这是这一阶段推广的主要内容。在这个环节，我们的打法反而比较简单，我们就引入了一个方法，叫作"对赌条款"，为了促成客户下单，在协议中就和客户约定了对赌条款，最大限度地解除客户的顾虑，促成客户下单。

我们回顾一下，推广环节所有的工作都围绕建立认知—激发需求—影响选择—促成下单这四个环节形成。四个环节中每一个环节又可以按照目标客户—传播渠道—传播内容这个推广三角来做具体设计，再进一步细化为内容营销、活动营销、关系营销、渠道营销这些具体的推广动作。

再以我们实战的一款"拒执罪专项服务解决方案"产品为例，这款产品在推广的过程中有一些值得借鉴的通用方法。

对于接触过执行业务的律师来说，拒执罪并不陌生，也是大家都知道的虽然规定很美好但落地非常难的一种执行措施。想要将拒执罪从一项业务变成可以持续带来创收的产品，首要解决的就是认知的问题，而且是法院对拒执罪认知的问题。只有法院对拒执罪改变认知，将其作为一项常规的执行手段，而非担心拒执罪引发的维稳问题，才有可能将拒执罪产品真正落地。

在这点上我们引入了两个推广方案：一是做内容，通过内容传播营造以拒执罪解决执行难的舆论氛围。先后推出了"拒执罪办案操作指引"、拒执罪实务专业文章，并且专业文章还被最高人民法院司法案例研究院的微信公众号引用，也在一定程度上给我们做了背书。二是联合法院做"拒执罪操作指引研讨会"，找到执行实务中如何用好拒执罪的平衡点，不至于因为拒执罪给法院系统带来维稳的问题。

有了这些动作的铺垫，还需要面向客户做拒执罪的传播，让客户知道我们可以通过拒执罪的方式实现执行案件的回款，也可以通过拒执罪将一些已经终本的案件恢复执行。

面向客户的传播相对来说比较简单，主要是通过拍摄发布拒执罪系列短视频的方式完成。之所以选择短视频这种推广方式，很大程度上是因为拒执罪产品以 C 端客户为主，比较分散，很难有一个渠道可以将这些客户聚合起来，还不如走线上，采用短视频的方式以内容触达这批客户，进而引导客户联系我们，并通过拒执罪帮助客户实现执行回款。

当然，推广环节的内容还不止于此，还会涉及产品活动怎么举行、内容营销如何落地、如何运用公关方式做法律产品的推广等，不过，限于篇幅我们很难一一展开，而且这些东西需要结合具体的法律产品推广才能有所感知，真正可以让律师更好地做好法律产品推广的关键在于推广环节的底层逻辑，简单用一句话概括就是"在客户决策的各个环节都能有合适的方式影响客户决策，最终促成客户下单采购法律产品"，这是推广环节的核心所在。

我们把这句话梳理成一个模型，同时也作为律师案源开发的闭环模型。推广的具体工作就是结合具体的目标客户和法律产品类型，在不同阶段采用合适的方式不断影响目标客户的决策，并搭建起最终客户下单采购法律产品的路径。

第八章　客户成功

第一节　产品交付标准

和一般性的产品相比，法律产品有一个很重要的特征就是需要在客户购买之后向客户做交付，这是法律产品的特性所在，也是法律产品"供给侧"需要解决的问题。

一般性的产品，比如一瓶矿泉水、一台洗衣机、一辆汽车，只需要给客户交付实物产品，后面无非就是"售后服务"。但法律产品不同，尤其是需要重度交付的服务类产品，客户付费购买产品仅仅是一个开始，购买之后，还需要律师跟进做落地部署工作，这样才能在落地部署的过程中实现法律产品的价值。

这里按照交付程度将法律产品分为不同的类型：

第一种是方案类产品，这类产品面向的客户需求很简单，通过具体的方案就能解决，比如，企业工伤待遇核算或者交通事故核算，这类产品的交付完全可以不用律师参与，客户拿到方案之后自己就能解决。

第二种是操作类产品，是一种轻交付的法律产品，需要向客户提供操作指引和解决方案，操作指引可以是手册或者操作视频，让客户看到之后直接就能使用，典型的比如企业用工风险核查类产品，一般是交付给 HR，只需要给 HR 一些操作指导就能落地。

第三种就是我们当下最多场景的法律产品，服务类产品，需要在客户购买后，律师深度参与做重交付。这类产品是当下的主流产品类型，虽然可以用一些通用模块降低交付的人力和时间投入，但客户还会提出不少定制化的要求，在当下还无法实现律师的零交付。

当然，这两年发生的最大变化就是 AI 的引入，使以往需要律师人工做的工作可以更多地交给 AI 去做，在法律产品重交付环节的批量化，AI 会有很大的潜力，不过还需要进一步挖掘，将 AI 与法律产品交付的流程、环节相融合，才能达到当下客户对产品的交付标准。

第二节　部署落地团队

实战中，我们发现即使上面的工作都已明确，在落地时，仍然会出现各种各样的问题。其中，最大的问题就在于"人的问题"，我们会发现目前的律师团队还很难称为真正的团队，更多接近"老律师 + 小律师 + 律师助手"的架构，相当于老律师个人的延伸。

在这种团队架构之下，律师没有太多动力做法律产品相关的工作，整个团队的时间都耗在业务上，同时，做法律产品对当下的创收不能带来直接的推动，出于短期利益考量，大家也就不愿意为法律产品花时间。

而个体律师更是如此，法律产品很难做起来，其中很大的原因就在于这些工作是需要相互配合才能落地，单靠个人，时间、精力都有限，业务占用了大部分的时间，在法律产品上自然很难投入。

所以，法律产品想要落地，最合适的是有架构、有角色分工、各司其职的律师团队，我们也总结出法律产品落地的"团队金字塔组织架构"，这个架构分为三层（见图8-1）：

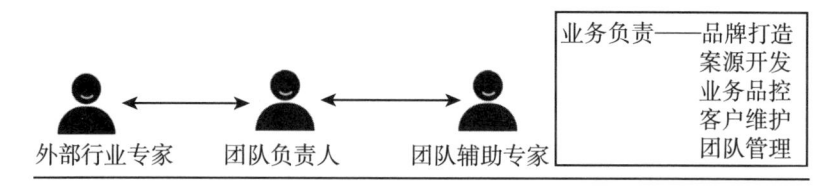

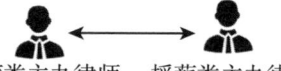

```
外部行业专家 ↔ 团队负责人 ↔ 团队辅助专家    业务负责——品牌打造
                                            案源开发
                                            业务品控
                                            客户维护
                                            团队管理

        授薪类主办律师 ↔ 授薪类主办律师      业务承办——作为业务
                                            承办主体

实习类      授薪类      实习类      授薪类    业务辅助——辅助主办律师
业务律师    业务律师    业务律师    业务律师              办理具体业务
```

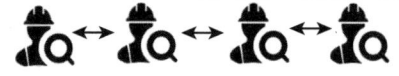

图8-1 团队金字塔组织架构

第一层核心是律师团队负责人，主要负责法律产品研发的相关工作。我们接触到的很多律师团队，实际上是把法律产品研发的工作交给业务律师甚至实习律师，但业务律师和实习律师的经验积淀不够丰厚，很难从已有的成功项目中筛选出合适的项目优化成法律产品，即便做好了法律产品，也会因为缺乏资源、人脉或者合适的渠道，导致法律产品无法得到有效的推广。

而律师团队负责人相对来说是比较好的"法律产品经理"，无论是在业务经验方面，还是在资源配置上面都是最优的，所缺乏的无非就是法律产品的实战方法，这些也是可以通过培训在短期内就能弥补的，所以我们一直主张律师团队负责人应该作为团队法律产品的"第一责任人"。

当然，除产品这个核心工作外，品牌打造、案源开发、业务品控、客户推广、团队管理都是律师团队负责人所需要负责的工作，这也是为什么好多律师在一个人做的时候相对轻松，带了律师团队之后反而觉得累的原因，就是因为需要承担不少和业务没有直接关联的工作。

第二层是骨干律师，这是业务承办的主体，也是法律产品的主要协助人。比如，律师团队负责人这边做出了法律产品设计画布，法律产品的雏形基本上就出来了，下一步的完善就可以交给骨干律师，包括法律产品手册制作、配套课程设计、业务流程梳理、交付成果设计。

第三层是辅助律师，主要职责是辅助骨干律师更好地承办业务，完成骨干律师交代的产品工作。这一层次相对来说比较简单，但对辅助律师来说也是一次学习的机会，一旦法律产品成形并推广签单，最终为客户部署落地法律产品的主体，就可以慢慢由辅助律师担任，也在一定程度上解放了团队负责人和骨干律师，这也是做法律产品的好处之一。

想要搭建出这样的团队架构也确实不容易，目前现实的情况是这个简单的架构在很多团队难以落地，难以落地的原因很多，比如《专业服务公司的管理》这本书中就提到不少原因：

比如，中间层骨干律师的缺失，这是很多团队存在的普遍情况，骨干律师缺失，辅助律师又没办法很好地承办业务，只能是团队负责人直接上，所以才出现团队负责人特别累，不但需要承担业务，还承担了不少产品工作，以至于不少团队负责人抱怨"做团队还不如做个人律师更赚钱、更轻松"。

中间层骨干律师的缺失还仅仅是表现，是一个结果，不算原因，真正的原因在于团队负责人自身。

一是有些团队负责人担心自己开发的案源，交由骨干律师做承办,骨干律师如果留不住,把客户撬走了,自己就吃亏了。这是他们不愿意将客户、业务放手给骨干律师的主要原因,凡事一定亲力亲为,为的是"安全感"。

二是团队中复盘培训、知识管理工作的缺失,导致骨干层很难培养出来。目前部分团队的常态还是"一个接一个做业务",业务做完之后也很少组织复盘培训,更没有多少时间做知识管理工作,团队负责人更奉行的原则是"做中学,实战练兵"。

问题在于实战练兵没有错,学而不思则罔,实战完成之后不做复盘总结和知识管理,白白浪费了实战积淀的知识和经验,导致做法律产品的时候甚至找不出合适的成功项目。

三是目前律师团队承办的业务数量毕竟还有限,很难和一年承办几百件、上千件案件的法官群体相匹配,仅仅指望数量有限的实战练兵,对团队业务能力、骨干律师的培养效果都很有限。

又如,律所层面的原因,现阶段,大部分律所评价团队业绩,更多还是看团队整体创收,很少将"案件利润率"作为一个考核晋升指标。这就导致律师团队在业务从承办上只盯着"创收总额",对承办过程中的人员配置、时间投入、承办成本没有太多关注,最终的结果是业务创收总额是做起来了,但好像没赚多少钱。这种情况下,团队负责人干了骨干律师的活,骨干律师干了辅助律师的活,就是一个很常见的情况了,毕竟这样可以最大限度地提升创收总额。

还有一个原因是团队负责人的职业惯性和职业规划不明确。当前多数团队负责人都是从业务律师干过来的,他们最擅长或者最能给他们带来荣誉感的就是做业务,尤其是诉讼领域,胜诉案件带来的不仅是创收,还有职业的自豪感和荣誉感。

不少团队负责人习惯了这种作业模式,更大的兴趣点不在于法律产品而在于做业务，导致他们不愿意在团队法律产品上投入更多的时间，也很难通过法律产品获得自豪感或者荣誉感，这是他们的职业惯性造成的。

最后一个原因就是对未来的预期，这点在团队负责人看来可能有点虚，毕竟法律产品驱动创收是一个"慢工作"，很难立马见到收益，需要长期坚持才能见到效果，必然涉及短期利益和长期利益的平衡。这点虽然容易理解，但想通和做到实际上差了不是一点、两点。

分析完原因，还得给出解决方案。

对于律师团队组织架构的问题，我们也是通过实战摸索出三个解决办法：

第一个说起来也简单，就是给团队负责人配置产品辅导专家，帮助团队负责人更好地研发和推广法律产品。这类专家一般都是收费的，我们也是基于这个原因发起了一个"法律产品商城"的项目，后续会培养更多的法律产品辅导专家，免费帮助律师团队研发和推广法律产品。

第二个是打标杆，得让律师团队看到法律产品的打法确实能带来创收，这就需要律师团队在运作的时候不要盲目展开，而是先选择一个合适的切入点，找到客户最愿意付费、当下最希望解决的问题，从一个点上入手，先研发出相应的法律产品，再推向客户，变现创收。

一旦这个标杆打出来了，就能提升整个团队做法律产品的兴趣和投入力度。同时点上的运作还只是第一步，后面可以用点成线，组线成面，以面促体，逐步深入，形成体系化的法律产品。

第三个是律所方面的努力，正如我们看到的，目前规模律所已经在搞法律产品大赛，很大一部分原因就是希望通过法律产品大赛

"借假修真",让律师团队能参与到法律产品大赛中,通过大赛培养律师团队法律产品的意识和技能,协助他们做出法律产品,也为律所建立更多产品驱动型的律师团队奠定基础。

第三节 客户成功路径

上面提到了交付落地环节、交付标准、部署落地团队的问题,如果仅仅是保证客户交付的品控,问题不是太大,毕竟法律产品中已经提炼出交付客户的通用模块,具体就表现为向客户展示的作业流程和交付成果。但仅仅保证品控还不够,还不足以建立起我们和客户之间的信任关系,还需要在保证品控的基础上实现客户成功。

对于客户成功,熊定中律师在《公司法务:定位、方法与操作》一书中提到"公司法务理解业务的三个阶段",虽然是从法务群体的角度描述,但也可以视为用法律产品实现客户成功的三个阶段:

● 初级阶段,了解行业专有名词、技术名词等知识性内容;

● 中级阶段,对业务人员所拟开展的单体商业活动的商业目的有清晰认知,并知晓单体商业活动所涉及的各个环节和对应的主体、行为;

● 高级阶段,对本行业的商业规则和商业逻辑有深入理解,对行业前沿问题有敏感度,对行业发展趋势有前瞻性认识。

这三个阶段的划分,实际上也是我们理解客户业务、找到法律与业务契合点,并完成业务目标的基础。要实现这三个阶段的落地,还得有具体跟进的措施。

一、初级阶段

完成目标客户所处行业或者领域的认知,这种认知的方式有的时候并不复杂,找资料、多学习、勤沟通就行。

比如,我们在做钢贸行业研究时,更多的是在和钢贸商喝茶、聊天的过程中完成对钢贸行业的初步认知。这种认知比较零散,未能形成钢贸行业的整体框架,后来我们又陆续找了不少资料,比如行业分析报告、钢铁网等头部钢贸资讯平台的资料,借此才熟悉了钢贸行业"加价款、垫资费、运吊费、滚动结算"等专有名词。在这个过程中,我们发现有一本书叫作《钢贸风云》,是对钢贸行业的系统介绍,后来也把这本书作为我们钢贸团队的必读书籍。更有意思的是,后来我们发现不少钢贸商也在阅读这本书,这也算我们和钢贸客户的一种"同频"吧!

上面的工作做得还相对粗,真正要深度、细致地了解目标客户,我们的做法实际上是搭建"客户知识库",不断收集、整理与客户所处行业、领域相关的业务知识、信息,甚至关注客户日常看的公众号、媒体平台以及他们经常阅读的书籍和资讯,借此实现和客户的同频,甚至反向向客户"输出"行业资讯、行业内容,同时也作为律所/团队内部人员培训的知识库。

后来,我们在辅导团队开发新消费行业的时候,就用到了客户知识库,也建立起新消费领域的客户知识库架构,并不断填充资料充实客户知识库,以此作为我们熟悉行业、研究客户、开发法律产品的基础。

二、中级阶段

了解目标客户内部的业务流程、重点项目,尤其是目标客户年度规划以及各个部门的 KPI 考核指标,并找到"法律服务的嵌入点"，最终通过研发法律解决方案辅助客户完成业务目标。

中级阶段的工作我们在之前的"重点企业客户信息卡"中已经有所涉及，企业客户信息卡的板块中就包括企业的商务信息，如企业内部的年度规划、预算规划，各个部门的 KPI 指标、企业内部的重点关注项目、企业的竞品以及企业的客户，还涉及企业商业模式、盈利模式的拆解。

不过，这些维度是企业整体层面的分析研究，还没有到熊律师所提到的"单体商业活动"的分析。在整体层面分析研究完成之后，需要通过"访谈+调查"进入客户"单体商业活动"的分析研究。

举个简单的例子，我们之前做汽车行业，对汽车经销商有了整体认知后，会在已有的客户中选择合适的人员进行深度访谈，通过访谈梳理出各个部门的业务流程＋人员配置＋费用结构＋考核指标＋问题清单，进而才会启动法律研究工作，看看法律产品如何嵌入辅助业务成功。

以销售部门为例，通过对销售部门业务流程的梳理，实际上我们很容易从法律合规、法律谈判和诉讼服务三个维度切入，并具体细化出各个板块会涉及的法律服务需求点。

三、高级阶段

高级阶段即熊律师所说"对本行业的商业规则和商业逻辑有深入理解，对行业前沿问题有敏感度，对行业发展中趋势有前瞻性认识"。这个阶段似乎可以再更进一步，在我们看来，这往前的一步叫作"伙伴关系"，可以真正地帮助客户取得成功。不过，这一步我们目前还没有做到，只是我们的远期目标，但不妨碍在这里和大家做个分享。

在我们看来，高级阶段的核心是"突破法律，将律师/律师团队/律所变成行业资源中心，可以为客户调剂资源、介绍生意，实现赋能客户的目标"。

这里分享一个"律师卖车"的故事，虽然很小，但也能说明做行业资源中心的思路。也是我们合作的汽车律师团队，当时是给一家汽车经销商做法律顾问，在做顾问的过程中，因为这位律师日常做的都是高端商事诉讼，接触的客户段位也高，所以和汽车经销商联合做了一次小型车展。汽车经销商给律师一个优惠价，凡是来参加车展的律师熟人都能享受优惠价。最终的效果还是很让人满意的。

这种操作思路很简单，就是传说中的"报我名字，给你打折"，和行业资源中心的底层逻辑一致。

做律师做到一定程度，就不能再局限于法律了，而应该突破法律去做资源的匹配工作，形成以法律为核心的综合性产品。到了这个阶段，客户看重你，愿意捧着你，往往不是律师在专业能力上特别强（当然专业能力也要过关），而是看重律师能给自己带来的价值，或者说看重的是律师背后的资源。如果资源足够丰富，那么从做法律服务的乙方转变为匹配资源的甲方应该不会是一件难事吧！

在这一阶段，我们和客户之间已经不仅是"甲方乙方"的商务关系，更多地成为相互依存的"伙伴关系"，可以在法律、商务甚至私人事务上多层面地支持客户，相应地，客户发展的同时，我们的业务也逐步扩大，双方互为依托，共同赋能，也才能真正地实现律师和客户之间的良性互动。

第九章 优化迭代

第一节 产品四重境界

法律产品的最后一个板块是优化迭代,这点贯穿法律产品的始终。

我们前面说"法律产品是对法律服务的优化升级",实际上"法律服务也是对法律产品的优化迭代"。我们将法律产品"卖给"客户之后并没有结束,还需要给客户做落地部署,在落地部署的过程中必然会面临更多实际的情况,需要对原有的法律产品,包括通用模块去做优化调整,以更好地满足特定客户的需求(见图9-1)。

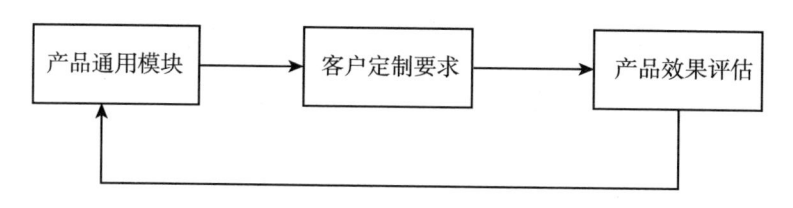

```
产品通用模块 → 客户定制要求 → 产品效果评估
     ↑                              │
     └──────────────────────────────┘
```

图9-1 法律服务是对法律产品的"更新迭代"

在这个过程中,法律产品中原有的通用模块,比如业务流程,交付给客户的文书成果,法律产品所关联的法律法规、案例裁判、研究报告都需要进一步优化梳理,借助落地部署会进一步完善法律产品。

这是法律产品优化的一个常态。

除此之外，对法律产品的优化迭代还涉及法律产品的"四重境界"，这是按照"客户定制化程度、律师参与程度、成本控制程度"三个标准设定的一个框架：

第一重境界是法律产品的起点，正如我们对法律产品做的定义，"法律产品是可复制的成功项目"，做法律产品更多是从法律服务起步，将成功的法律服务项目做模块化梳理，形成法律产品的雏形。

第二重境界是套装化的法律产品，这就是我们上面提到的各种类型的法律产品，是在成功项目的基础上（少部分是原创型法律产品）形成的针对特定目标客户特定问题的解决方案，并包含具体的业务流程、交付成果以及市场推广的物料。这些套装一旦形成，必然在一定程度上降低律所做同类客户、同类服务的时间和成本投入。

第三重境界是"标准化法律产品"，随着法律产品市场推广的展开，律师会接到越来越多的同类型的法律产品业务，而在给客户落地部署的过程中必然会对业务流程、交付成果越来越清晰、越来越熟悉。久而久之，随着大量法律产品业务的积淀，就可以打磨出法律产品的 SOP（标准化作业流程）。

所谓的法律产品的 SOP 实际上是一种合集，包括"业务流程＋业务文档模板＋注意事项＋背景材料（包括法律法规、相关案例、背景资料）"，就相当于商业企业中经常会用到的"标准作业流程"。但法律产品的 SOP 不是闭门设计出来的，而是通过法律产品的不断优化迭代，迭代出来的。

最后一重境界也是法律产品的最高境界，可以实现法律产品的"系统化、自动化、平价化"。第三重境界法律产品 SOP 的梳理还没法脱离业务律师的参与，更多还是人工方式做部署落地，做到一定程度之后就可以考虑"AI 技术"，将 SOP 业务流程转化为技术系统，部署落地的时候，甚至单纯靠系统就能完成，这样人力成本会大大节省下来，反映在市场端就是法律产品的"平价化"。

以我们正在推进的"企业用工风险合规专项审查"产品为例，这个产品我们已经达到了 SOP 的阶段，目前正在和一家科技公司对接，将原有产品积淀下来的这些服务流程、交付成功、工作标准等内容实现系统化，一旦实现系统化，过往几万元、十几万元甚至几十万元的企业用工风险合规，我们甚至可以将报价降低到几百元。

这才是法律产品优化迭代的最高境界。

第二节　产品体系迭代

法律产品第二个层面的迭代是"体系迭代"，这是从法律产品的纵深做优化迭代，具体地说就是"点—线—面—体"四个阶段的迭代。

刚开始我们做法律产品瞄准的是某个点，比如婚姻家庭团队围绕女性客户做"婚姻家庭诉讼"就是这一个点，把这一个点做好了足够支撑团队的创收稳定。

在初期时人员有限，经验和时间也都不足，能做好一个点已是很不容易。但这个点一定得选好，要选择最能"触动目标客户"的点。比如，对企业客户来说，应收账款远比合同审查更能触动客户，从应收账款切入企业客户不失为一个不错的专业切入点。

做到一定阶段之后，点上的业务趋于稳定，同时意味着点上业务的创收遇到了一个瓶颈，这个阶段需要"从点延伸到线"，在延伸的过程中目标客户是恒定不变的。

这时，需要围绕客户的需求拓宽律师/团队的业务板块，还是以婚姻家庭为例，从婚姻家庭诉讼这一个点延伸出"婚姻家庭调解—婚姻家庭诉讼—婚姻家庭执行—女性法律服务"这一条业务线。这条业务线不但让点上的业务更加充实，还进一步拓宽了律师/团队的创收来源，更进一步增强了客户的黏性。这是律师专业化的第二个阶段。

再做到一定阶段，我们发现法律未必能解决客户的所有问题，包括律师/团队手头的人员资源都有限，这一阶段就需要"以法律为中心，做资源整合，走法律+的路子"。比如，婚姻+刑事衍生出"涉刑人员家庭救济方案"、婚姻家庭+财富研发出"企业家家庭财产与企业资产隔离计划"、婚姻+情感做的是偏情感类的婚姻咨询。虽然还是在做法律，但更重要的是以法律为中心的资源整合，通过资源整合突破了法律的局限，能够更好地给客户提供落地价值。

再到下一个阶段，就是小米提出的"生态链"模式，不过这一阶段要求律师/团队已经形成强势的品牌，在这一强势品牌主导下可以突破法律做更多资源的链接，并以此建立起围绕客户的生态链，"将面上的合作转化为深度合作的共同体"。做到这一境界，才算是把法律产品"玩到家"了。

大家有没有发现，体系化的法律产品迭代其实核心在于"客户导向"，是从客户的维度出发一步一步借助产品与客户建立连接和信任关系，相当于将法律产品作为客户和律师之间新的连接器，这是法律产品优化迭代的重要路径。

第三节　产品社群运营

再进一步，做好了法律产品的落地部署，解决了客户问题，对客户来说我们通过法律产品帮助客户取得了成功。这个时候可以将客户再聚拢起来，形成客户社群，以社群运营作为主要的客户管理方式，从客户社群中再进一步发掘客户的深度需求，并借助社群做好客户与客户之间的资源对接，从而让律师从单纯提供法律的主体升级为"客户资源链接平台"。

到这个阶段就从经营产品过渡到运营客户。

当前能够完全做到这一点的律所/律师团队还很少，在这里，我暂且拿律师行业之外的案例做解读，其中最典型的案例就是"阿亚那模式"。

阿亚那模式中最核心的一点就是"不仅卖房子还卖生活体验，不仅抓物质文明还紧抓精神文明"，让客户不仅住得舒服，还能得到身心愉悦的体验，真正实现了产品功能价值与情感价值的融合。

正如阿亚那的负责人所说的，"房子交付之后，阿亚那和客户之间的关系才开始"。以此作为起点，追求的是客户的长期价值。一旦以客户的长期价值为目标，类似于房子的材料、使用寿命、便捷程度、社区配套都会以高标准做要求，后续也会配套内容运营、公共空间，为的就是留住客户，让客户可以长期住下来，并赢得客户的口碑，形成客户的口碑推荐。结果也正是如此，阿那亚95%的房子都是老客户推荐新客户成交的。

反观律师行业，我们一直说长期主义，其实最有价值的长期主义就是客户导向，但客户导向不是一种"精神追求"，而应该是一种商业模式，这种商业模式中最核心的要素就是"客户终身价值"。

如果律师和客户的合作不仅是一单诉讼、一项业务，而是长时间的"陪跑合作"，律师也就不会和客户太过计较"审核几页合同、安排几场培训"，更多会关注客户所处行业、商业模式、运作方式，关注客户的长期需要，并以此为基础配置为客户提供法律服务（法律产品）。

但要达到这一点不应该是律师的一厢情愿，还需要客户愿意与律师达成长期的合作，这就需要在法律产品之上注重客户"情感价值"的体验。

举个简单且好玩的例子，之前我们在辅导钢贸团队的时候，有一些钢贸商是重庆来的，特别喜欢打麻将。这些客户在委托我们代理案件或者成为我们会员之后，和我们的律师熟悉了，之后也会一起约麻将，结果打着打着双方的感情越来越好。我们当时开玩笑说这是满足了客户"三缺一"的情感价值。

还有一个相反的例子，是我们在做一家规模律所老客户开发的时候发现"你认为的老客户并不一定是客户认为的老客户"，简单地说就是律师和客户的合作几乎是"一锤子买卖"，给客户代理诉讼或者承办非诉业务之后没有进一步跟进客户的动作，也不主动了解客户、研究客户，对老客户的了解程度和第一次接触的时候没有多大变化。这样的老客户关系很难说有多大价值，对老客户的开发难度几乎和新客户差不多。这也是我们仅仅追求经营产品而不运营客户造成的障碍。

法律产品，尤其是引流产品带来的是律师和客户的连接，但任何连接背后，都会有更进一步的价值挖掘，正如李善友教授在《产品型社群：互联网思维本质》中所描述的，"要想有免费模式，必须有价值链的递延"，这点也正如我们一直在表述的，"做法律产品，要做体系化的法律产品"，这个体系化的法律产品背后是对客户的不断了解、研究和新的价值的发掘。

也只有将客户运营社群化，才能实现这样的目标，这也是从经营产品到运营客户的升维打法。

这几点，也是我们倡导的律师群体应该掌握的法律产品思维，虽然有一些虚，更多的是一些对法律产品的思维，但我们一直相信那句话"相信相信的力量"，有时看着很虚的事情才是最有价值的东西。

后　　记

现在这个阶段做法律产品可以说"正当其时"。

现在这个阶段还是法律产品的"莽荒时代",现状有利也有弊。弊端在于法律产品尚未成为一种行业普遍接受的作业模式,自然客户端的接受度也会有一些问题,需要完成对律师、对客户的教育过程。

但同样也因为是蛮荒时代,现阶段投入精力做法律产品几乎可以说没有什么竞品,做出一款法律产品,几乎就是这个领域或者行业的第一款产品。

比如之前我们做钢贸行业、执行领域、婚姻家庭领域以及刑事领域的法律产品,我们自己并不认为法律产品做得有多么好,因为当时市面上并没有其他律师做,很容易把我们"显出来",这是当下做法律产品最大的优势所在,也是我们所说的"正当其时"。

由此延伸,我们回顾整个律师行业,甚至整个社会的发展无不是从"一小撮"人开始的,我们不可能指望每个人都能抓住时代的红利,然后实现个人的理想或者阶层的跃迁,实际上当每个人都意识到红利的时候,这个红利已经不是红利了。

法律产品就是如此,当前是处于莽荒时代,但也处于红利期,这个时候抓住了,我们就成为容易成功的那一撮人,也正如我们之前提的一句口号,"让少数律师先发展起来",而发展起来的抓手就是法律产品。

当然，法律产品涉及的板块比较多，我们目前只能做到按照我们的实战经验和对法律产品的理解，将法律产品这件事尽量"标准化"。实现标准化了，自然也将法律产品变得更容易一点，容易一点的事情参与的人就能多一点，让少数律师先发展起来，这个少数也能增加一点。

虽然都是一点一滴的小事，但因为有价值，所以值得我们一直做下去，这本书大家可以看成"法律产品创收 1.0 版"，我们希望的是把法律产品这件事尽快做得更深入一些，标准化做得更扎实一些，后面还会陆续推出 2.0、3.0、4.0、5.0 的版本，目的只有一个："通过法律产品驱动律师创收！"让少数律师先发展起来，也许后面少数能带动多数，形成以法律产品为主导的行业习惯。

虽然是一个希望，但"希望还是要有的，万一实现了呢！"我们用法律产品拿创收的希望就是从这本书开始的！

法律产品辅助资料

1. 客户需求洞察地图

行业客户需求洞察"三观六库九模块"

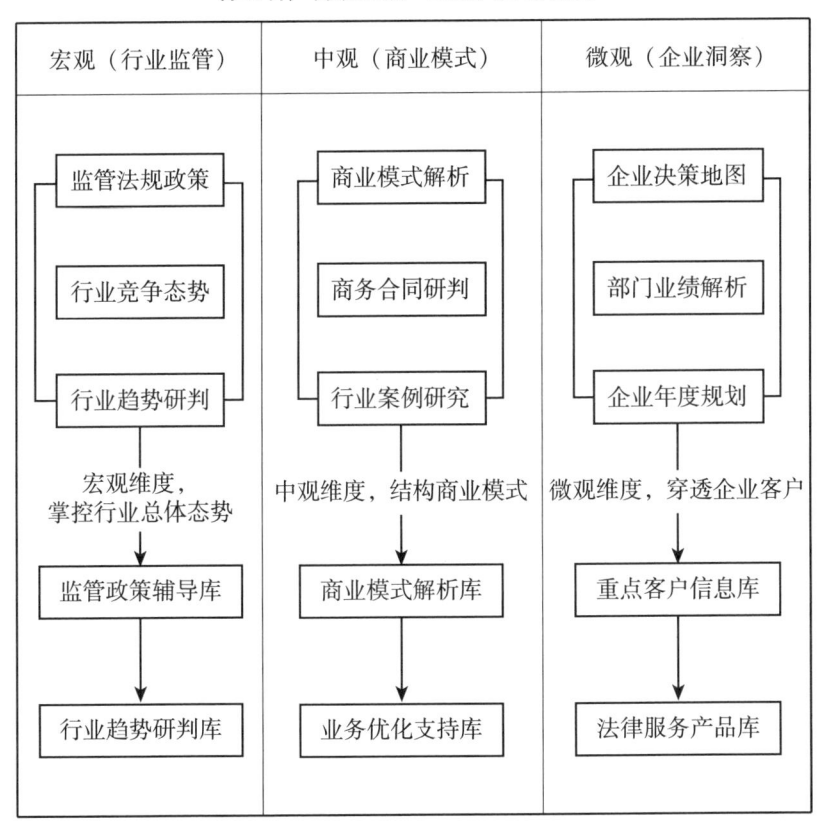

宏观（行业监管）	中观（商业模式）	微观（企业洞察）
监管法规政策	商业模式解析	企业决策地图
行业竞争态势	商务合同研判	部门业绩解析
行业趋势研判	行业案例研究	企业年度规划
宏观维度，掌控行业总体态势	中观维度，结构商业模式	微观维度，穿透企业客户
监管政策辅导库	商业模式解析库	重点客户信息库
行业趋势研判库	业务优化支持库	法律服务产品库

· 135 ·

2. 法律产品优先级评估表

评估内容	客户感知度（客户对需求缺乏的感知程度）	客户急迫度（客户对需求解决的急迫程度）	客户挫败感（客户之前是否有诉讼或者惩处经历）
规模量（产品涉及的目标客户体量）			
工作量（产品研发需要投入的人力、时间）			
匹配度（法律产品对客户问题的解决程度）			

3. 法律产品设计画布

目标受众分析	受众需求点	解决方案描述			产品卖点描述（用一句话概括产品卖点）
		已有方案	方案弊端	产品方案	
	1.				
	2.				
	3.				
方案流程					
交付成果					
匹配渠道分析	竞争优势分析	运作成本分析		创收模型分析	
		运营成本	业务成本	直接创收	
				间接创收	

4. 法律产品手册内容设计稿
首页（法律产品命名）

- 法律产品名称
- 法律产品 slogan

（一款好的法律产品是面向客户的，产品命名尤为重要，需要让客户看到之后就能知道这款产品能提供什么价值，进而产生购买的想法，这才是一个好的法律产品命名。这里提供一个法律产品命名的框架，供大家参考：第一步是"用最直白的话把你认为的法律产品的价值说出来"，这是对法律产品价值的梳理；第二步是"这个价值点对目标客户有什么好处"，这是以客户视角筛选价值，相当于将上面的价值区分为律师认为的价值和客户认为的价值，只有客户认为的价值才是真的产品价值；第三步是"给目标客户选择这款法律产品一个充分的理由"，这个其实是命名基础上产品封面页slogan 的设计，是对产品价值进一步的具体展示；第四步是"如何表述才能让目标客户记住你的产品"，这点其实是对上面三步的内容做文案上的优化，用口语化、通俗化的表述让客户更容易记住）。

第一部分（客户需求背景说明）

- 政策背景说明。
- 问题背景说明。
- 客户具体问题的危害（可以考虑以角色做区分）。

第二部分（律师解决方案说明）

- 客户对上述问题已有方案不足说明。
- 律师解决方案整体说明。
- 解决方案业务流程。
- 解决方案交付成果。

第三部分（成功案例展示）

- 针对上述解决方案向客户提供可供参考的成功案例（建议以成功案例故事的方式展示）。
- 成功客户背书评语（邀请成功客户对做项目评语）。
- 服务客户 logo 墙。

第四部分（服务团队介绍）

服务团队建议按照"客户律师＋主办律师＋辅助律师"三类角色做安排：

- 客户律师（负责与客户之间的交流沟通、解决方案衔接）。
- 主办律师（负责对接客户律师，承办落地解决方案）。
- 辅助律师（负责协助客户律师，做好解决方案落地工作）。

第五部分（报价方案）

报价建议采用"价值报价＋综合报价"的方式：

- 价值报价

将解决方案部署带来的收益与未部署解决方案的损失做对比，按照能带客户减少的损失或者带来的收益作为价格锚定，也可以按照成功案例报价清单做价值报价展示。

- 综合报价

综合报价是没有价值核算方式或者成功案例报价清单的情况下，将法律产品解决方案拆分为"基础服务＋增值服务"，基础服务即法律产品中的通用模块，因为成本可控，采用打包报价；对于客户定制要求采用方案选择报价，由客户勾选确定最终报价。

◆ 基础服务打包报价

◆ 增值方案选择报价

底页

- 联系方式

- 引导二维码
- 法律产品 slogan

5. 法律产品市场推广方案

本方案用于特定法律产品的市场推广，帮助律师团队梳理推广框架，并以此作为律师团队市场工作进度的推进监控方案，建议：

（1）在目标客户画像确定之后建议首先做本区域内《目标客户名册》梳理，先了解符合目标客户画像的客户数量和分布情况，并以此作为制定市场推广目标的依据；

（2）以市场推广目标倒推市场推广对接的渠道数量以及活动频次，并以此按照具体的市场推进计划；

（3）安排专门的市场推广负责人，负责市场推广活动的整体把控和活动进度的监控，并定期召开市场推广工作总结复盘会，以随时调整方案人员，确保市场目标的实现。

目标客户画像					
法律产品价值					
法律产品配套物料					
法律产品手册		法律产品介绍课程		法律产品品宣物料	
市场推广目标					
目标客户触达数量（发生产品咨询的目标客户数量）		法律产品签单率（签单客户/目标客户触达量）		法律产品年度创收（法律产品预期年度创收）	
市场推广方式					

续表

推广渠道列表	渠道对接物料	渠道对接人	客户跟进人	跟进物料	跟进进度汇总（月度）
第三方合作渠道（选择营销能力强且能直接接触目前客户的第三方渠道，建立战略合作，借助第三方营销能力做产品推广）					
第三方推广渠道（选择目标客户聚集的第三方渠道，通过与第三方渠道做联合的活动、课程等合作，借助第三方渠道触达目标客户）					
同行转介渠道（借助律所内部目标客户挖掘或者律所体系内不同分所合作，并与第三方法律平台合作，向律师同行推介产品，形成律师同行转介合作）					
产品品宣渠道（通过自己媒体渠道或者合作媒体渠道，发布产品相关的软文、直播、视频等品宣物料，借助品牌宣传吸引目标客户）					

6. 行业法律产品体系规划表

行业法律产品体系规划表									
内部资料									
第一层级：引流产品									
（发掘客户实际业务中遇到的小问题，并建议与第三方机构合作，形成整体解决方案）									
客户需求	需求描述	目标客户	客户现有解决方案	商业画布	匹配产品	匹配课程	匹配手册	匹配文本	备注
第二层级：利润产品									
（在第一层次产品的基础上建立起客户信任关系，进一步设计常法、专项等利润产品，实现客户的创收转化）									
客户需求	需求描述	目标客户	客户现有解决方案	商业画布	匹配产品	匹配课程	匹配手册	匹配文本	备注
第三层级：增值产品									
（在与客户建立长期合作关系的基础上，进一步挖掘客户需求、陪跑客户成长，并形成专项或者诉讼等增值法律服务）									
客户需求	需求描述	目标客户	客户现有解决方案	商业画布	匹配产品	匹配课程	匹配手册	匹配文本	备注

7. 自有渠道运营规划表

自有渠道运营规划表
使用说明： 本表单用于梳理、优化、固定律所（律师团队）自有渠道，并形成自有渠道开发规划和评测、复盘梳理，将自有渠道打造为律所（律师团队）品牌宣传、获客接触的主要通道。自有渠道开发注意下面三个问题： 1. 注意自有渠道需要深度合作开发，建议以年度为单位形成"渠道运营规划"，并安排专人负责，落地推进运营规划； 2. 建议先确定自有渠道开发的评测标准，并以数据驱动方式做运营，通过数据复盘逐步优化自有渠道运营； 3. 自有渠道基于资源、人员、时间的考虑需要分出层次，可以分为三个层次，不同的层次投入的人员资源时间不同，其中第一层次为重点运营渠道。

第一层级（基于微信生态建立的内容+社群渠道）							
渠道名称	渠道的分析	渠道运营规划	渠道评测指标	负责人员	协助人员	复盘优化建议	备注
微信视频号							
微信公众号							
企业微信社群							

第二层级（与目标客户聚集的垂直渠道合作，形成内容专栏或者共管社群）							
渠道名称	渠道分析	渠道运营规划	渠道评测指标	负责人员	协助人员	复盘优化建议	备注

续表

第三层级（基于公域平台自建渠道，并同步发布内容，进一步扩大内容影响力）							
渠道名称	渠道分析	渠道运营规划	渠道评测指标	负责人员	协助人员	复盘优化建议	备注
知乎企业号							
企业头条号							
视频平台（抖音＋快手＋B站＋小红书）							

注意事项：

1. 上述为建议企业且适合企业端客户的开发渠道，需要律所（律师团队）结合自身情况做调整，比如有的律所重官网宣传，律所官网也是一个值得投入的渠道；

2. 自有渠道承担律所（律师团队）品牌传播的职能，不单单要实现获客接触，还应当从品牌建设的维度运营自有渠道；

3. 注意研究第三层级公域平台的推荐规则，并努力成为平台"大V"，借助平台的影响力扩大律所（律师团队）的品牌影响力。

8. 第三方合作渠道梳理表

第三方合作渠道梳理表

使用说明：

本表单用于梳理、优化、固定第三方合作渠道，并借助第三方合作渠道实现客户获取、站台背书以及案源开发。实务中可以考虑从三个方面入手做第三方合作渠道梳理：

1. 识别渠道，将目标客户聚集的渠道做梳理，并分析各个渠道的需求点，找出双方合作的（共赢）的切入点，以便于从这些渠道精准引流；

2. 精准引流的方式应结合渠道特征做设计，以线上微课、线下实务课、知识视频、知识手册、法律咨询作为主要的引流方式；

3. 将合作渠道流量引流至企业微信（微信好友），并在引流的过程中填写客户信息登记表，并做好客户标签记录，进一步通过社群做有效案源转化。

续表

渠道类型	合作渠道	对接人员	渠道分析	合作方式	推进进展	负责人员	合作物料	匹配产品	备注
微信社群渠道（目标客户聚集的微信社群）									
KOL背书渠道（在目标客户群体中有影响力的个人，比如商协会会长、知名专家教授、头部企业负责人）									
垂直媒体渠道（目标客户经常浏览的网站、公众号、视频号、纸媒）									
线下地推渠道（线下最能高效触达目标用户的渠道，如商协会、线下社群、目标客户服务公司）									
官方合作渠道（以公益项目切入，借助官方背书、站台，形成品牌合作渠道）									
战略合作渠道（与我方目标客户群相同或者相似的第三方公司，与其建立战略合作伙伴关系，共同开发目标客户）									

续表

注意事项：
1. 第三方渠道的合作一定要找到双方可以实现共赢的利益点，否则松散或者人情性质的合作，很难激励第三方投入资源、人员深度合作；
2. 第三方渠道的合作要对渠道做评估和筛选，先多后少，尽量建立能够深度、长期、战略合作的第三方渠道；
3. 建议第三方渠道合作将 KOL 合作作为重点，并逐步搭建律所（律师团队）的"案源分销"机制。